ROTE ROSEN – DAS KOCHBUCH

Rote Rosen

DAS KOCHBUCH

Jan Thorbecke Verlag

VERLAGSGRUPPE PATMOS

PATMOS
ESCHBACH
GRÜNEWALD
THORBECKE
SCHWABEN

Die Verlagsgruppe
mit Sinn für das Leben

Hinweis des Verlages: Die Rezepte und Fotos können von den in der TV-Sendung „Rote Rosen" dargestellten Inhalten abweichen.

Für die Schwabenverlag AG ist Nachhaltigkeit ein wichtiger Maßstab ihres Handelns. Wir achten daher auf den Einsatz umweltschonender Ressourcen und Materialien.

www.thorbecke.de

Projektbegleitung bei der Studio Hamburg Serienwerft GmbH, Annkathrin Pinckernelle

Gestaltung: Finken & Bumiller, Stuttgart
Fotos: © Bild: ARD/Thorsten Jander: 7, 8, 9, 10, 11, 12, 38, 64, 88, 114, 115, 140, 141, 142; © Bild: ARD/Nicole Manthey: 8, 9, 10, 11, 12, 14/15, 17, 18, 21, 22, 24, 27, 28, 31, 33, 34, 37, 38, 40/41, 42, 46, 49, 51, 55, 56, 59, 60, 62, 64, 65, 66/67, 69, 71, 73, 74, 76, 79, 80, 83, 84, 87, 88, 90/91, 95, 96, 100, 102, 105, 109, 111, 114, 115, 116/117, 118, 121, 123, 124, 127, 131, 135, 137, 138, 140, 141, 142, 143; © Zoë Toelcke: 13; © Horst Petersen: 39; © Maria Fuchs: 89; © StockFood / Gräfe & Unzer Verlag / Schardt, Wolfgang: 16, 26, 47; StockFood / Bauer Syndication: 19, 36, 43, 94, 110, 133; StockFood / Hendey, Magdalena: 20; StockFood / Short, Jonathan: 23; StockFood / Wischnewski, Jan: 25, 129; StockFood / PhotoCuisine / Hall, Jean-Blaise: 29; © StockFood / PhotoCuisine / Thys/Supperdelux: 30; StockFood / PhotoCuisine / Studio: 32; StockFood / Sporrer/Skowronek: 35; © StockFood / Brinkop, Maria: 44; © StockFood / Lehmann, Joerg: 48; © StockFood / van Aswegen, Illanique: 53; © StockFood / Riou, Jean-Christophe: 54; © StockFood / Dhellemmes, Thomas: 57; © StockFood / Lerner, Danny: 61;© StockFood / Babicka, Sarka: 63; © StockFood / PhotoCuisine / Viel, Pierre Louis: 68; © StockFood / Gräfe & Unzer Verlag / Mader & Schmid: 70; © StockFood / Jalag / Kowall, Wolfgang: 72; © StockFood / Fenot, Eric: 75; © StockFood / Jalag / Grossmann.Schuerle: 77; © StockFood / Great Stock!: 58, 78; © StockFood / Young, Andrew: 81, 82; © StockFood / Morgans, Gareth: 85; © StockFood / Gräfe & Unzer Verlag / Knezevic, Silvio: 86; © StockFood / Lutterbeck, Barbara: 93; © StockFood / Timmann, Claudia: 50, 97; © StockFood / Martin, Caroline: 101; © StockFood / Leoni, Ira: 103; © StockFood / Kirchherr, Jo: 104; © StockFood / Jalag / Schardt, Wolfgang: 107; © StockFood / Lehmann, Herbert: 108; © StockFood / Jalag / Neubauer, Mathias: 113; © StockFood / Castilho, Rua: 119; StockFood / Hildebrandt, Esther: 120; © StockFood / Gräfe & Unzer Verlag / Rynio, Jörn: 122; StockFood / Jalag / Bassler, Markus: 125; StockFood / PhotoCuisine / Nicoloso, Loic: 126; StockFood / Twellmann, Birgit: 130; StockFood / Newedel, Karl: 98, 134; StockFood / Sam Henderson Imagery: 136; StockFood / Kompanik, Hannah: 139.
Rezepte: StockFood Rezeptservice
Übrige Texte: © Dieter Zurstraßen und Annkathrin Pinckernelle
Druck: Firmengruppe APPL, Wemding
Hergestellt in Deutschland
ISBN 978-3-7995-1143-8

INHALT

Rote Rosen

die Kultserie auf Erfolgskurs

Als die erste Folge von „Rote Rosen" am 6. November 2006 ausgestrahlt wurde, war noch nicht klar, dass die Serie ein derart großer Erfolg werden würde. Doch ganz offensichtlich hatten die Macher hinter den Kulissen einen großen Nerv ihres Publikums getroffen, denn erstmals stand in „Rote Rosen" eine Frau in den besten Jahren im Mittelpunkt. Immer montags bis freitags um 14.10 Uhr im Ersten (mit Wiederholungen in den dritten Programmen sowie auf den Sendern ORF und SRF 1) konnten die Zuschauer und Zuschauerinnen nun mit den spannenden Geschichten rund um die weiblichen Hauptfiguren mitfiebern. In der ersten Staffel drehte sich alles um Petra Jansen und ihre große Liebe Nick Bergmann. Als am Ende der ersten 100 Folgen Petra und Nick nach einer schweren Zeit voller Intrigen, Betrug und Schmerz endlich glücklich vereint waren, war auch längst klar, dass die Telenovela wegen des großen Erfolgs fortgesetzt werden würde. Inzwischen können die Zuschauer und Zuschauerinnen nun bereits in der 13. Staffel die großen Gefühle der jeweiligen Hauptfiguren miterleben. Die Handlung findet in Lüneburg statt – hier wird die Serie zum größten Teil auch gedreht. Im Mittelpunkt der Staffeln steht immer eine Frau zwischen 40 und 50 und die Geschichte ihrer großen Liebe. Die Protagonistinnen haben auf ihrem Weg zum „Happy End" viele Schwierigkeiten zu überwinden: Verrat, Intrigen und Schicksalsschläge drohen, ihr Liebesglück für immer zu zerstören. Am Ende jedoch gelingt es dem Paar gegen alle Widrigkeiten und Hindernisse zusammen ein glückliches Leben aufzubauen. Das ist der Stoff, der zum Träumen einlädt!

Rund um die Liebespaare, die in jeder Staffel wechseln, bleiben für die Zuschauer und Zuschauerinnen auch immer viele vertraute Gesichter: Gerry Hungbauer als Thomas Jansen und Brigitte Antonius als seine Mutter Johanna sind schon seit der allerersten Folge dabei. Neben der Familie und den Freunden des jeweiligen Liebespaares gibt es Dreh- und Angelpunkte der Handlung: die Menschen rund um das Lüneburger Fünf-Sterne-Hotel „Drei Könige“ und das zugehörige Restaurant „Carlas“, die Bewohner des „Rosenhauses“ und die „Gärtnerei Albers“ mit den zugehörigen Charakteren.

Neben der Liebe spielt natürlich auch das Kulinarische in der Sendung eine wichtige Rolle: Die besten Gespräche finden im Restaurant „Carlas“ oder zu Hause am Familientisch statt, begleitet zum Beispiel von Torbens bretonischer Fischsuppe oder Carlas köstlicher Moussaka – nicht zu vergessen Theos berühmte Currywurst. Viele leckere Rezepte rund um die TV-Sendung „Rote Rosen“ machen dieses Buch zu einem Augen- und Gaumenschmaus für alle Fans – begleitet von zahlreichen Hintergrundinformationen rund um die Figuren der Sendung und ihre Schauspieler.

Guten Appetit wünschen Ihnen

Ihre Roten ROSEN

CHERYL SHEPARD
ist Sydney Flickenschild
Gunters Schwester aus den USA

Cheryl Shepard ist seit dem 29. März 2016 Mitglied der Rosenfamilie. In der Folge 2201, der ersten Folge der 13. Staffel, trifft sie seit Jahren wieder auf ihren Halbbruder Gunter und wird sofort herzlich willkommen geheißen. Cheryl selbst sagt über ihren Arbeitsplatz: „Ich habe hier die wunderbarsten Mitarbeiter und Kollegen der Welt. Zum Team dazuzugehören ist für mich eine große Love-Story.“Der Tag kann für Cheryl nicht ohne ein gutes Frühstück beginnen. Fehlen darf dabei nicht ihr Assam-Tee mit kalter Milch und frischem, regionalem Obst. Wenn sie mit ihrer Familie zusammen isst, stehen immer brennende Kerzen auf den Tisch, das macht es für Cheryl erst so richtig gemütlich und gehört einfach dazu. Ihr Mann und sie wechseln sich mit dem Kochen ab, je nachdem wer früher nach Hause kommt. An ihre allererste Szene als Sydney kann sich Cheryl noch gut erinnern. „Es war das Aufeinandertreffen von Sydney und Gunter im Hotel Drei Könige.“ Unvergessen bleiben für sie auch der „Magic-Moment“ zwischen Mathis und Sydney an der Bar des „Carlas“ sowie ihr lustigster Versprecher. Im Drehbuch stand, dass Sydney sich der Hotelbelegschaft des „Drei Könige“ als stellvertretende Hoteldirektorin vorstellen soll, doch heraus kam: „Ich bin die stellvertretende Königin.“ Nicht nur Cheryl musste herzhaft lachen, sondern auch das gesamte Drehteam um sie herum.

Hedi Honert ist seit Folge 2191 als die aufgeschlossene Kim Parker zu sehen. Mit ihrem „Onkel“ Gunter hat sie gleich eine starke Anbindung an die restliche Rosen-Crew bekommen. Viel zu lachen hat Hedi beim Dreh: „Die lustigsten Szenen sind die mit den schwierigsten Fremdwörtern und Fachbegriffen. Weil es da zu den kuriosesten Versprechern kommt.“ Sie muss sich noch daran gewöhnen, sich selbst im Fernsehen zu sehen. Da sie zur Sendezeit meist arbeitet, schaut Hedi sich die Folgen zu Hause an, die sogenannten „Abnahme-Fassungen“. Die Abnahme-Fassungen der Folgen sind die fast fertigen Folgen, die von der Redaktion und dem Produzenten vor der Ausstrahlung noch begutachtet werden. Hedi sieht sowohl große Parallelen als auch Unterschiede in ihrer Rolle als Kim: „Kim ist sehr aufgeschlossen und reiselustig. Wie sie liebe ich es, fremde Länder und Kulturen zu entdecken. Und wie sie mit dem Beruf der Bartenderin verwirkliche ich mir mit dem Schauspiel einen Traum. Auf dem Weg, ihre Ziele zu erreichen, will sie unabhängig bleiben und es aufgrund ihrer eigenen Leistungen schaffen, das kann ich für mich genauso übernehmen. Aber natürlich und zum Glück darf ich als Schauspielerin in der Rolle Kim jede Menge Unterschiede zu meinem eigenen Leben verkörpern und erleben.“ Hedi kocht gerne, aber noch lieber backt sie und bereitet Desserts zu. Schokokuchen und Eis kann sie nicht widerstehen. Toll bekocht zu werden, ist für sie aber das Schönste.

HEDI HONERT *ist Kim Parker* Sydneys Stieftochter und cosmopolitische Bartenderin

Die Berlinerin **Madeleine Lierck-Wien** ist seit der 6. Staffel dabei und hatte ihren ersten Auftritt in der Folge 968 zusammen mit ihrem Sohn Fabian Oscar Wien, der den Paul Matthiesen spielte. Madeleine entdeckt auch einige Parallelen zu ihrer Rolle der Erika Rose, vor allem die Liebe zur Natur verbindet sie beide. Madeleine braucht zum Wachwerden ihren selbst gemixten Smoothie mit grünen Wildkräutern und etwas Obst. Die Wildkräuter kauft sie sich auf dem Wochenmarkt in Lüneburg. Sie liebt es, über den Markt zu schlendern: „Ich achte sehr darauf, dass mein Obst und Gemüse aus der Region stammen." In ihrer Freizeit radelt Madeleine gerne am Hasenburger Mühlenbach entlang, „Dort habe ich einen Lieblingsplatz. Es ist ein energetischer ‚Sommernachtstraum'-Shakespeare-Platz." So spielen auch ihre Lieblingsszenen im Schrebergarten draußen in der Natur. Erika ist sogar die Vorsitzende des Schrebergartenvereins der „Goldenen Scholle". Viel zu lachen hat sie beim Dreh mit ihrem Kollegen Claus Dieter Clausnitzer, der ihren besten Freund Hannes Lüder verkörpert.

MADELEINE LIERCK-WIEN
als Erika Rose, Gärtnerin mit grünem Daumen

ANJA FRANKE als Gärtnerei-besitzerin *Merle Vanlohen*

Eines der schönsten Motive der Serie von Beginn an ist die Gärtnerei Albers. In der Folge 1106 kam **Anja Franke** als Merle Vanlohen in die Serie. Merle, die ursprünglich aus Holland kommt und begeisterte Pilotin ist, übernahm ab diesem Zeitpunkt die Gärtnerei. Noch heute erinnert sie sich gerne an ihr Casting für „Rote Rosen“. Auch an die allererste Szene kann sie sich noch gut erinnern. Damals stand Merle auf dem Rollfeld des Lüneburger Flugplatzes und traf auf Ben Berger und seinen Neffen. Was bei Anja Franke vor allem beim Frühstück nicht fehlen darf, ist Zeit. Anja Franke liebt es auch, wenn sich Tischrunden spontan ergeben. Bei ihr zu Hause dürfen Chips deshalb nie fehlen. Wie Merle Vanlohen ist auch Anja Franke für jeden Spaß zu haben; so machen ihr die Szenen im Clownskostüm besonderen Spaß. Für ihre Rolle würde sie sich noch mehr Humor wünschen und dass Merle auch mal wieder Fehler machen darf.

HERMANN TOELCKE als Hotelier *Gunter Flickenschild*

Die Rolle des Gunter Flickenschild war ursprünglich für 5 Wochen geplant, doch die Rolle gefiel allen so gut, dass aus 5 Wochen nun schon 8 Jahre geworden sind. **Hermann Toelcke** stieg in der Folge 168 ein und erinnert sich noch gut an seine erste Szene. Er durfte mit seinem ersten Auftritt seine Hotelangestellten brüskieren, indem er seinen Angestellten offenbarte, dass er das Hotel verkaufen wird. Mit seiner Schwester Sydney hat er auch im echten Leben etwas gemeinsam. Zwar gibt es bei Hermann nur Tee zum Frühstück, aber auch bei ihm muss es der Assam-Tee mit Milch, aber zusätzlich mit Honig sein. Zu Hause in seinem Vorratsschrank findet man immer Nudeln; die dürfen einfach nie fehlen. Wichtig für Hermann sind die abendlichen Familienessen. Obwohl nur noch eine Tochter – von drei Kindern – zu Hause lebt, kommen sein Sohn und seine zweite Tochter dennoch fast jeden Abend zu ihm zum Abendessen. Hermann schwärmt: „Wir sind eine große Familie, meine Kinder bringen noch ihre Freunde mit und dann berichtet jeder von seinem Tag." Im Gegensatz zu seiner Rolle ist Hermann zu Hause der Koch. Er würde das Leben mit Gunter Flickenschild auch nicht tauschen wollen: „Flickenschild kann nie privat sein, nur mit seinem Freund Thomas kann er sich auch mal locker geben." Hermann liebt es, zur Arbeit zu kommen, er ist nie gestresst und freut sich auf alle Gesichter, die er am Arbeitsplatz antrifft. Die schönste Szene für ihn war bisher der erste Kuss zwischen Gunter und Carla. Vom Gewitter überrascht, suchten sie Schutz vor dem Regen im Stall und es ergab sich endlich der erste Kuss.

TUMBET

mallorquinisches gemischtes Gemüse

Zutaten:
- 2–3 Zucchini
- 3 große oder 4 kleine Auberginen
- 4 grüne Paprikaschoten, wenn möglich die kleineren, weil schärfer
- 8 große Kartoffeln
- Olivenöl
- mehrere Knoblauchzehen
- Salz, Pfeffer
- 1 Kilo (ca.) Tomaten für die Sauce

Sauce: Tomaten schälen, Kerne entfernen, klein hacken. Einen Teil vom Knoblauch in Olivenöl kurz anbraten, Tomaten dazu und auf kleiner Flamme köcheln lassen. Salz, Pfeffer evtl. etwas Oregano dazu.

Auberginen und Zucchini in Streifen schneiden, einritzen, mit Salz bestreuen und nach einer halben Stunde (etwa) waschen.

Paprikaschoten in Stücke schneiden.
Kartoffeln schälen und in Scheiben schneiden.
Vor dem eigentlichen Kochen sollte das Gemüse trocken sein!

Kartoffelscheiben in reichlich Olivenöl braten, bis sie halbgar sind. Abtropfen lassen und in einer flachen Tonschüssel ausbreiten.
Danach Zucchini und Auberginen im restlichen Olivenöl braten, abtropfen lassen und in Schichten auf die Kartoffeln geben.
Die Paprikaschoten im noch verbliebenen Olivenöl anbraten mit dem restlichen Knoblauch und dann auf die Mischung geben.

Heiße Tomatensauce drüber und das Ganze im vorgeheizten Ofen bei mittlerer Hitze etwa 10 Minuten schmoren.

Fertig!

Dazu gerne:
Dorade im Salzmantel

Wenn es kalt ist:
WÄRMENDE SUPPEN

CARLAS RUCOLA-FETA-SUPPE MIT TOMATEN UND SZECHUANPFEFFER

Für 4 Personen

Zubereitungszeit: 15 Minuten
Garzeit: ca. 10 Minuten
Schwierigkeitsgrad: leicht

❶ Den Rucola waschen, trocken schleudern und hacken. Die Zwiebel schälen, fein würfeln und in 2 EL heißem Öl andünsten.
❷ Den Rucola zugeben, kurz mitdünsten, dann den Wein, die Brühe und die Sahne angießen, aufkochen und ca. 5 Minuten leise köcheln lassen. Den Feta in die Suppe bröckeln und alles fein pürieren. Mit Salz und Pfeffer abschmecken und lauwarm abkühlen lassen.
❸ Die Tomaten waschen und halbieren. Im übrigen heißen Öl anschwenken und auf der Suppe anrichten. Mit Rucola garnieren und mit grob zerstoßenem Pfeffer bestreut servieren.

ZUTATEN

4 Hand voll Rucola
+ etwas zum Garnieren
1 Zwiebel
4 EL Olivenöl
80 ml trockener Weißwein
400 ml Gemüsebrühe
100 ml Sahne
200 g Feta
Salz
Pfeffer aus der Mühle
100 g rote Cocktailtomaten
100 g gelbe Cocktailtomaten
Szechuanpfeffer zum Bestreuen

Carlas Vater, der Familien-Patriarch **Nicos Saravakos**, gilt mit seinem kleinen Feta-Imperium als der „Feta-König von Korfu".

FENCHEL-ZUCCHINI-CREMESUPPE

Für 4 Personen

Zubereitungszeit: 15 Minuten
Garzeit: ca. 25 Minuten
Schwierigkeitsgrad: leicht

❶ Die Zwiebel und den Knoblauch schälen und fein würfeln. Die Fenchelknollen waschen, vierteln, den Strunk entfernen und ebenfalls würfeln. Die Kartoffeln und die Zucchini schälen und würfeln.
❷ Die Zwiebeln, den Knoblauch und den Fenchel im heißen Olivenöl 1–2 Minuten farblos anschwitzen, die Brühe angießen und die Kartoffeln mit den Zucchinistücken zugeben. Aufkochen und ca. 20 Minuten bei milder Hitze gar köcheln lassen.
❸ Anschließend alles fein pürieren und die Sahne ergänzen. Je nach gewünschter Konsistenz noch etwas einköcheln lassen oder Brühe ergänzen. Nicht mehr kochen lassen, 2 EL Crème fraîche einrühren und mit Noilly Prat, Salz, Muskat und Pfeffer abschmecken. In vorgewärmten Tellern anrichten, je einen Klecks Crème fraîche daraufsetzen, mit gemahlenem Pfeffer bestreuen und mit Parmesanspänen garnieren.

ZUTATEN

1 Zwiebel
2 Knoblauchzehen
2 Fenchelknollen
100 g mehligkochende Kartoffeln
1 Zucchini
2 EL Olivenöl
ca. 800 ml Gemüsebrühe
100 ml Sahne
150 g Crème fraîche
2 cl Noilly Prat
Salz
Muskat
Pfeffer aus der Mühle
Parmesan zum Darüberhobeln

Wenn Zucchini Saison haben, steht gerne Zucchini-Suppe auf der Karte des „Carlas“ – frisch und regional gekauft bei „Bio Mertens“.

LAUCH-KARTOFFEL-SUPPE MIT CHORIZO

Für 4 Personen

Zubereitungszeit: 20 Minuten
Garzeit: ca. 30 Minuten
Schwierigkeitsgrad: leicht

❶ Die Kartoffeln, die Möhre, die Zwiebel sowie den Knoblauch schälen und würfeln. Den Lauch waschen, putzen und klein schneiden. Den Sellerie waschen und klein schneiden. Alles zusammen ca. 2 Minuten in 2 EL heißem Öl anschwitzen.
❷ Mit der Brühe aufgießen, den Rosmarin einlegen und etwa 25 Minuten leise köcheln lassen. Den Rosmarin anschließend wieder herausnehmen, die Suppe mit Sahne verfeinern und pürieren. Falls nötig, noch Brühe ergänzen oder etwas einköcheln lassen. Mit Salz, Pfeffer und Muskat abschmecken.
❸ Die Chorizo in Scheiben schneiden und in einer Pfanne im übrigen heißen Öl braten. Die Frühlingszwiebel waschen, putzen, in feine Röllchen schneiden und mit der Wurst vermengen. Die Suppe auf Schälchen verteilen und mit dem Chorizo-Mix garniert servieren.

ZUTATEN

200 g mehligkochende Kartoffeln
1 Möhre
1 Zwiebel
1 Knoblauchzehe
250 g Lauch
1 Stange Staudensellerie
3 EL Olivenöl
900 ml Gemüsebrühe
1 Zweig Rosmarin
100 ml Sahne
Salz
Pfeffer aus der Mühle
frisch geriebener Muskat
100 g Chorizo
1 Frühlingszwiebel

Eine wunderbar wärmende Suppe für kalte Tage.

KÜRBIS-PASTINAKEN-SUPPE MIT CHILI-RINGEN

Für 4 Personen

Zubereitungszeit: 15 Minuten
Garzeit: ca. 40 Minuten
Schwierigkeitsgrad: leicht

❶ Die Pastinaken schälen und würfeln. Das Kürbisfleisch ebenfalls würfeln. Die Zwiebel, den Ingwer und den Knoblauch schälen, klein würfeln und in der heißen Butter in einem Topf glasig anschwitzen. Dann die Kürbiswürfel, die Pastinaken und das Curry hineingeben und kurz mitbraten. Die Brühe angießen und 25–30 Minuten leise köcheln lassen.
❷ Die Suppe fein pürieren. Die Sahne hinzufügen. Je nach gewünschter Konsistenz noch etwas Brühe unterrühren oder etwas einkochen lassen. Nochmals aufkochen lassen, mit Salz und Pfeffer abschmecken.
❸ Die Chili waschen und in feine Ringe schneiden, dabei gegebenenfalls die Kerne entfernen. Die Suppe in Schälchen anrichten, jeweils etwas Crème fraîche darauf-geben und mit Chiliringen und Petersilie garnieren.

ZUTATEN
200 g Pastinaken
400 g Kürbisfruchtfleisch ohne Kerne (z.B. Muskatkürbis oder Hokkaido)
1 Zwiebel
2–3 cm frischer Ingwer
1 Knoblauchzehe
1 EL Butter
1–2 TL Currypulver
ca. 800 ml Gemüsebrühe
100 ml Sahne
Salz
Pfeffer aus der Mühle
1 rote Chilischote
1–2 EL Crème fraîche
Petersilie zum Garnieren

Die Chiliringe verleihen dieser herbstlichen Suppe eine gewisse feurige Schärfe.

ROTKOHLSUPPE MIT WALNUSSKERNEN

Für 4 Personen

Zubereitungszeit: 25 Minuten
Garzeit: ca. 40 Minuten
Schwierigkeitsgrad: leicht

❶ Den Rotkohl putzen, waschen und in feine Streifen schneiden. Die Zwiebel schälen und klein scheiden; einen Apfel schälen, entkernen und fein würfeln. Das Butterschmalz in einem Topf erhitzen und den Kohl mit der Zwiebel und den Apfelwürfeln darin andünsten. Mit dem Zucker bestreuen und diesen karamellisieren lassen.
❷ Den Rotwein, den Essig und die Brühe angießen. Die Gewürze hinzufügen und den Rotkohl ca. 30–40 Minuten gar kochen. Bei Bedarf noch etwas Wasser nachgießen.
❸ Den Sternanis aus dem Rotkohl entfernen und den Inhalt des Topfes sämig pürieren. Mit Salz, Pfeffer und evtl. noch etwas Zucker oder Essig abschmecken. Den restlichen Apfel schälen, entkernen und fein würfeln; in einer Pfanne in der heißen Butter leicht gebräunt anbraten. Die Walnüsse hacken.
❹ Die Suppe in Schälchen anrichten, die Apfelwürfel und die Walnüsse darauf verteilen. Mit je 1 TL Schmand krönen.

ZUTATEN

400 g Rotkohl
1 Zwiebel
2 Äpfel
2 EL Butterschmalz
ca. 1 EL Zucker
200 ml trockener Rotwein
ca. 3 EL Rotweinessig
500 ml Gemüsebrühe
1 Prise Nelkenpulver
1 Sternanis
1 Prise Zimt
Salz
Pfeffer aus der Mühle
1 EL Butter
40 g Walnusskerne
4 TL Schmand

Rotkohl als Suppe ist eher ungewöhnlich – **Carla Saravakos** genießt es, immer wieder neue Gerichte auszuprobieren.

GRÜNKOHL-KOKOS-SUPPE MIT APRIKOSEN

Für 4 Personen

Zubereitungszeit: 20 Minuten
Garzeit: ca. 25 Minuten
Schwierigkeitsgrad: leicht

❶ Die Zwiebeln, den Knoblauch und den Ingwer schälen. Den Ingwer und den Knoblauch fein würfeln, die Zwiebeln in Streifen schneiden und alles zusammen im heißen Öl in einem Topf glasig anschwitzen. Mit der Brühe und der Kokosmilch ablöschen, die Linsen ergänzen und aufkochen lassen.
❷ Die Aprikosen fein hacken. Den Grünkohl waschen, putzen, harte Stiele entfernen und die Blätter fein hacken. Mit den Aprikosen zur Suppe geben und unter gelegentlichem Rühren ca. 15 Minuten leise köcheln lassen.
❸ Die Erdnüsse mit den Kokosraspeln und dem Koriander in einer heißen Pfanne duftend rösten. Im Blitzhacker grob zerkleinern.
❹ Von der Suppe ca. 2 Schöpflöffel abnehmen, fein pürieren und zur Bindung wieder unter die übrige Suppe rühren. Nach Bedarf Brühe ergänzen oder noch ein wenig einkochen lassen. Mit Zitronensaft, Salz und Cayennepfeffer abschmecken. In Schüsseln füllen und mit dem Erdnuss-Kokos-Sprinkle bestreut servieren.

ZUTATEN
2 rote Zwiebeln
1 Knoblauchzehe
2–3 cm Ingwer
2 EL Erdnussöl
ca. 800 ml Gemüsebrühe
400 ml Kokosmilch
150 g rote Linsen
50 g getrocknete Aprikosen
250 g Grünkohl
30 g Erdnusskerne
2 EL Kokosraspel
½ TL Koriandersamen
Zitronensaft
Salz
Cayennepfeffer

In dieser Suppe verbindet sich der typische Lüneburger Grünkohl mit einem Hauch Exotik.

TORBENS BRETONISCHE FISCHSUPPE

Für 4–6 Personen

Zubereitungszeit: 40 Minuten
Garzeit: ca. 35 Minuten
Schwierigkeitsgrad: mittel

❶ Die Muscheln putzen und waschen; geöffnete Muscheln wegwerfen. Die Zwiebeln und den Knoblauch schälen und fein hacken. Den Lauch waschen und in Ringe schneiden, die Kartoffeln schälen und in Scheiben schneiden.
❷ Das Öl in einem Topf erhitzen und darin die Zwiebeln und den Knoblauch anbraten. Mit der Gemüsebrühe ablöschen, zum Kochen bringen und die Muscheln darin zugedeckt ca. 5 Minuten kochen lassen.
❸ Die Muscheln aus dem Sud nehmen, den Sud aufheben. Die Butter in einem Topf schmelzen und darin den Lauch für ca. 5 Minuten unter Rühren anbraten. Die Kartoffeln dazugeben, dann mit dem Muschelsud und dem Calvados aufgießen. Etwa 15 Minuten kochen lassen. Den Seehecht waschen, trocken tupfen und würfeln. Die Garnelen und die Krabben dazugeben und ca. 5 Minuten gar ziehen lassen.
❹ Den Backofen auf Grillfunktion vorheizen. Die Brotscheiben mit dem Käse bestreuen und ca. 5 Minuten überbacken.
❺ Die Fischsuppe mit Salz, Pfeffer und Zitronensaft abschmecken. Mit der gehackten Petersilie bestreuen und mit dem gebackenen Brot zusammen servieren.

ZUTATEN

500 g Miesmuscheln
2 Zwiebeln
1 Knoblauchzehe
1 Stange Lauch
400 g vorwiegend festkochende Kartoffeln
1 EL Pflanzenöl
ca. 1,5 l Gemüsebrühe
30 g Butter
10 cl Calvados
250 g Seehechtfilet
12 Garnelen
8 Krabben
4 Scheiben Bauernbrot
80 g geriebener Hartkäse, z.B. Comté
Salz
Pfeffer
Zitronensaft
3 EL gehackte Petersilie

Das köstliche Rezept für seine Fischsuppe hat **Torben Lichtenhagen** aus der Bretagne mitgebracht.

CHICORÉE-SÜSSKARTOFFEL-SUPPE

Für 4 Personen

Zubereitungszeit: 20 Minuten
Garzeit: ca. 30 Minuten
Schwierigkeitsgrad: leicht

❶ Den Chicorée waschen, halbieren, die bitteren Strünke heraustrennen und den Rest klein schneiden. Die Süßkartoffeln schälen und würfeln. Die Petersilie waschen, trocken schütteln und die Blätter hacken. Die Schalotten schälen und würfeln.
❷ Die Butter in einem Topf erhitzen, die Schalotten, den Chicorée und die Süßkartoffeln darin anbraten. Mit dem Zucker bestreuen und karamellisieren lassen. Mit der Brühe ablöschen und zum Kochen bringen.
❸ Etwa 30 Minuten kochen und danach im Mixer fein pürieren. Zusammen mit 100 ml Sahne aufkochen und mit Salz und Pfeffer abschmecken. In Schälchen verteilen, die restliche Sahne dekorativ daraufträufeln und mit der gehackten Petersilie bestreuen.

ZUTATEN
350 g Chicorée
250 g Süßkartoffeln
1 Hand voll glatte Petersilie
2 Schalotten
30 g Butter
1 TL brauner Zucker
800 ml Gemüsebrühe
125 ml Sahne
Salz
Pfeffer aus der Mühle

Der leicht bittere Chicorée harmoniert wunderbar mit der Süße der Süßkartoffeln – ganz nach **Carla Saravakos** Geschmack!

ELIANES BRASILIANISCHE MAISCREMESUPPE MIT HÄHNCHEN

Für 4 Personen

Zubereitungszeit: 30 Minuten
Garzeit: ca. 30 Minuten
Schwierigkeitsgrad: leicht

❶ Die Hähnchenbrustfilets waschen und mit Küchenpapier trocken tupfen. Die Hühnerbrühe zum Kochen bringen und das Fleisch hinzufügen. Etwa 1 Minute kochen und dann zugedeckt 15 Minuten neben dem Herd gar ziehen lassen.
❷ In der Zwischenzeit den Mais in einem Sieb abtropfen lassen. Die Zwiebel und den Knoblauch schälen und hacken. Die Hähnchenbrustfilets aus der Brühe nehmen und fein würfeln oder zerzupfen.
❸ Die Butter in einem Topf erhitzen, die Zwiebel und den Knoblauch darin glasig anbraten. Mit der Hühnerbrühe ablöschen und mit dem Chilipulver würzen. Den Mais hinzufügen und bei niedriger Temperatur ca. 10 Minuten kochen lassen. Etwa ein Drittel Mais aus der Suppe heben und abtropfen lassen und den Rest der Suppe im Mixer fein pürieren. Den Mais anschließend wieder hinzufügen.
❹ Die Sahne dazugeben, aufkochen lassen und mit Salz und Pfeffer abschmecken. Das Hühnerfleisch dazugeben und die fertige Suppe in Schälchen anrichten. Mit Paprikapulver und Schnittlauchhalmen garnieren.

ZUTATEN
3 Hähnchenbrustfilets, à ca. 120 g
ca. 600 ml Hühnerbrühe
350 g Mais aus der Dose
1 Zwiebel
3 Knoblauchzehen
1 EL Butter
2 Prisen Chilipulver
50 ml Sahne
Salz
Pfeffer aus der Mühle
Paprikapulver und Schnittlauchhalme zum Garnieren

Eliane da Silva stammt ursprünglich aus Brasilien, spricht aber durch ihren deutschen Ex-Mann Sascha Müller akzentfrei Deutsch. Diese Suppe ist typisch für ihre alte Heimat.

MERLES KRÄUTER-SPINAT-SUPPE

Für 4 Personen

Zubereitungszeit: 25 Minuten
Garzeit: ca. 30 Minuten
Schwierigkeitsgrad: leicht

❶ Die Kartoffeln und den Sellerie schälen, waschen und in Würfel schneiden. Die Frühlingszwiebeln waschen, putzen und in Ringe schneiden. Die Knoblauchzehe schälen und fein hacken. Mit den Frühlingszwiebeln 1–2 Minuten in heißem Öl anschwitzen und mit dem Wein ablöschen. Die Kartoffeln und den Sellerie zugeben und die Brühe angießen. Etwa 20 Minuten leise gar köcheln lassen.
❷ Den Spinat und die Kräuter abbrausen, trocken schleudern, putzen und grob hacken. Beides mischen und etwa 1 Hand voll zum Garnieren beiseitelegen. Den Rest zusammen mit der Sahne zur Suppe geben und fein pürieren. Je nach gewünschter Konsistenz noch ein wenig einköcheln lassen oder Brühe zufügen. Mit Salz, Zitronensaft, Muskat und Pfeffer abschmecken.
❸ Die Suppe in Schüsseln füllen und mit der Kräutermischung und gegebenenfalls Parmesansplittern garniert servieren.

ZUTATEN

200 g mehligkochende Kartoffeln
150 g Knollensellerie
4 Frühlingszwiebeln
1 Knoblauchzehe
1 EL Pflanzenöl
150 ml trockener Weißwein
800 ml Gemüsebrühe
80 g junger Spinat
2 Hand voll gemischte Kräuter, z.B. Kresse, Kerbel, Petersilie
100 ml Sahne
Salz
1 Spritzer Zitronensaft
Muskat
Pfeffer
evtl. Parmesansplitter zum Garnieren

Merle Vanlohen verkauft in ihrer Gärtnerei, der „Gärtnerei Albers“, neben vielen Blumen natürlich auch alle Küchenkräuter, die sie für diese Suppe braucht.

KÜRBIS-TOMATEN-SUPPE

Für 4 Personen

Zubereitungszeit: 20 Minuten
Garzeit: ca. 25 Minuten
Schwierigkeitsgrad: leicht

❶ Das Kürbisfruchtfleisch klein würfeln. Die Zwiebel sowie den Ingwer schälen und fein hacken. Alles in der Butter in einem großen Topf glasig anschwitzen.
❷ Die Tomaten waschen, die Stielansätze entfernen und die Tomaten grob würfeln. Die Kurkuma, den Kreuzkümmel, den Koriander, den Zimt und etwas Salz in den Topf geben, die Tomaten ergänzen und mit der Brühe aufgießen.
❸ Etwa 20 Minuten weich köcheln lassen. Dann 100 ml Sahne einrühren und pürieren. Nach Bedarf noch Brühe angießen oder etwas einköcheln lassen.
❹ In Schälchen oder tiefe Teller abfüllen, die übrige Sahne auf die Suppe geben, leicht verrühren und servieren. Dazu passen z.B. herzhafte Scones.

ZUTATEN
500 g Kürbisfruchtfleisch, z.B. Hokkaido
1 Zwiebel
1 Stück frischer Ingwer
20 g Butter
3 Tomaten
1 TL Kurkuma
1 Prise gemahlener Kreuzkümmel
1 Prise gemahlener Koriander
1 Prise Zimt
Salz
ca. 800 ml Gemüsebrühe
150 ml Sahne

Eine fruchtige Suppe, die schnell gemacht ist, aber ungewöhnlich lecker schmeckt – optimal für die herbstliche Speisekarte des „Carlas“.

GERRY HUNGBAUER
als Oberbürgermeister
Thomas Jansen

Gerry Hungbauer ist der Mann der ersten Stunde, mit seinem 50. Geburtstag fing alles an. Wirklich beliebt hat sich Thomas in der ersten Folge nicht gemacht, denn seine damalige Frau Petra Jansen kam dahinter, dass er sie mit der Freundin ihrer Tochter betrog. Doch Thomas spielte sich in die Herzen der Zuschauer und ist wie seine Spielmutter Johanna Jansen ein fester Bestandteil der Rosenfamilie. Vom Steuerberater zum Stadtrat, zum Student der Meeresbiologie, zurück ins Rathaus als Umweltdezernent und nun als Oberbürgermeister. Der Bayer zog mit seiner Familie für die Rolle des Thomas Jansen eigens von München nach Lüneburg. Im Garten wurde ein kleiner Hügel angelegt, der sie an die Berglandschaft von Bayern erinnern soll. Zu Hause kocht Gerry gerne, aber bei den Rosen kommt er als Oberbürgermeister kaum zum Kochen. Gerry Hungbauer erinnert sich noch gut an seine ersten Szenen: „Es war ein langer Nachtdreh mit dem 50. Geburtstag von Thomas im Rosengarten, der, wie es sich für eine Party gehört, natürlich am Abend stattfand.“ Für seine Rolle würde er sich wünschen, noch viele weitere Trauungen, wie bei Nora und Arthur, vollziehen zu dürfen.

Wildpflanzerl auf Selleriekartoffelpüree mit dunkler Sauce

1 altbackene Semmel / 100 ml lauwarme Milch / Senf / 30 g feine Leberwurst / Wildfleisch (Reh oder Hirsch-schulter) ca. 500 g + Knochen / 1 weiße Zwiebel / 1 Zehe Knoblauch / Salz / Pfeffer / Butterschmalz / 1 Ei / 100 g durchwachsener Speck / Thymian / Rosmarin /
Püree: 300 g mehlige Kartoffeln / 300 g Sellerie / 100 ml heiße Milch / 100 ml Sahne / Salz / weißer Pfeffer / Muskat / 50 g kalte Butter.
Sauce: Knochen / 300 g verschiedenes Gemüse (grob klein geschnitten) / Tomatenmark / 1 cl Portwein / bisschen Gin / 200 ml Rotwein trocken kräftig / 200 ml Wildfond o. (1 TL Preiselbeeren).

Mit der Sauce anfangen:

Knochen in Butterschmalz anrösten – dann Gemüse und Tomatenmark auch anrösten – rechtzeitig ablöschen – mit Wildfond und einkochen – Portwein, Gin, Rotwein dazu und einköcheln, dann Preiselbeeren 1 TL, und mit Salz + Pfeffer abschmecken. (Zum verdicken halbe rohe Kartoffel reinreiben 5 min köcheln lassen – dann durchsieben).

Pflanzerl:

Butter in Pfanne erhitzen, Speck andünsten, dann Knoblauch, Zwiebeln dazu, glasig werden lassen, rausnehmen, abkühlen lassen.
Rinde von der Semmeln dünn entfernen und weg damit, Semmel klein schneiden, in lauwarmer Milch einweichen (10 min).
Wildhackfleisch (frisch durchgelassen), Semmel, Speckzwiebel, Leberwurst, Salz, Pfeffer, 1 TL Senf, gut vermengen, Pflanzerl formen, Ei natürlich auch noch, Butterschmalz in Pfanne erhitzen und die Pflanzerl goldbraun rausbacken, warm stellen in Ofen. (Mit Thymian + Rosmarin in der Pfanne mitbraten)

Püree:

Kartoffeln schälen im Sieb weich kochen, Sellerie schälen, klein schneiden in Sahne weichkochen, alles pürieren, Salz, Pfeffer, Muskat, kalte Butter zugeben, dann heiße Milch, 50 g geschlagene Sahne unterheben.

LIMO

Für den KLEINEN HUNGER: *Vorspeisen, Salate und andere Kleinigkeiten*

KIMS GRIESSBREI MIT KARAMELLISIERTEN BIRNEN

Für 4 Personen

Zubereitungszeit: 10 Minuten
Garzeit: ca. 20 Minuten
Wartezeit: 10 Minuten
Schwierigkeitsgrad: leicht

❶ Die Birnen schälen, halbieren, entkernen und in Spalten schneiden. In einem Topf mit dem Weißwein und 100 g Zucker zum Kochen bringen. Je nach Reifegrad und Festigkeit der Birnen ca. 5 Minuten gut bissfest garen, dann den Topf vom Herd ziehen.
❷ In der Zwischenzeit die Milch mit dem restlichen Zucker aufkochen, den Grieß einrühren, aufkochen und anschließend neben dem Herd 5–10 Minuten quellen lassen.
❸ Die Hälfte der Butter in den Grießbrei rühren, die andere Hälfte in einer Pfanne aufschäumen. Die Birnenspalten, das Vanillemark und 6–8 EL des Birnensuds hinzufügen und schwenken, bis die Flüssigkeit zu goldbraunem Sirup reduziert ist. Den Grießbrei in Schälchen anrichten, die Birnenspalten mit dem Sirup und die Haselnüsse darauf verteilen. Sofort servieren.

ZUTATEN

2–3 Birnen
300 ml trockener Weißwein
150 g Zucker
500 ml Milch
50 g Weichweizengrieß
50 g Butter
Mark von 1 Vanilleschote
4 EL grob gehackte Haselnüsse

Bei der Bartenderin **Kim Parker** muss es schnell gehen, soll aber trotzdem lecker schmecken – für sie ist daher der Grießbrei mit karamellisierten Birnen ein ideales Gericht!

THEOS CURRYWURST MIT POMMES FRITES UND SELBST GEMACHTEM CURRY-KETCHUP

Für 4 Personen

Zubereitungszeit: 25 Minuten
Garzeit: ca. 45 Minuten
Schwierigkeitsgrad: leicht

❶ Für das Ketchup die Tomaten waschen, den Stielansatz entfernen und die Tomaten würfeln. Die Zwiebel und den Knoblauch schälen und ebenfalls würfeln. Die Paprikaschote waschen, halbieren, entkernen und würfeln.
❷ Die Zwiebel, den Knoblauch und die Paprika in heißem Öl anschwitzen, Piment, Lorbeer und Nelke kurz mit anschwitzen und die Tomaten zugeben. Etwa 15 Minuten köcheln lassen. Dann die Kräuter, den Zucker, das Senfpulver und den Essig untermengen. Weitere 10–15 Minuten sämig einköcheln lassen. Durch ein Sieb streichen, nochmals aufkochen lassen und mit Salz und Curry pikant abschmecken. In vorbereitete Flaschen oder Schraubgläser füllen und gut verschlossen abkühlen lassen.
❸ Für die Pommes die Kartoffeln schälen, in lange Stäbchen schneiden, waschen, sehr gut trocken tupfen und portionsweise in 120 °C heißem Fett 5–10 Minuten garen. Abtropfen und vollständig auskühlen lassen. Das Fett auf 180 °C erhitzen und die Pommes darin portionsweise goldbraun frittieren. Abtropfen lassen und salzen.
❹ Zwischenzeitlich die Würstchen je nach Sorte in einem Topf mit heißem Wasser erhitzen (nicht kochen lassen, da die Würstchen sonst aufplatzen) oder in der Pfanne anbraten. Die Würstchen in dicke Scheiben schneiden, mit etwas Ketchup übergießen (nach Belieben noch mit Currypulver bestäuben) und die Pommes dazu reichen.

ZUTATEN

Ketchup (ca. 500 ml)
- 800 g Tomaten
- 1 Zwiebel
- 2 Knoblauchzehen
- 1 rote Paprikaschote
- 2 EL Olivenöl
- 4 Pimentkörner
- 1 Lorbeerblatt
- 1 Nelke
- 2 Zweige Petersilie
- 1 Zweig Liebstöckel
- 50 g brauner Zucker
- 1 TL Senfpulver
- 100 ml Weinessig
- Salz
- 1 EL Currypulver

Pommes
- 1,5 kg mehligkochende Kartoffeln
- Fett zum Frittieren

Außerdem
- 6–8 Würstchen (Sorte nach Geschmack)

Mit seiner Wurstbude „Art of Wurst“ steht **Theo Lichtenhagen** endlich auf eigenen Beinen. Seine Spezial-Curry-Sauce ist Kult in Lüneburg, doch das ist ihm noch nicht genug …

FENCHEL-HAFER-SALAT MIT GRILLKÄSE

Für 4 Personen

Zubereitungszeit: 25 Minuten
Garzeit: ca. 45 Minuten
Schwierigkeitsgrad: leicht

❶ Die Haferkörner in einem heißen Topf ohne Fett einige Minuten anrösten. 500 ml Wasser angießen, leicht salzen und zugedeckt ca. 30 Minuten gar köcheln lassen. Zwischendurch ab und zu umrühren und nach Bedarf Wasser ergänzen.
❷ Den Fenchel waschen, putzen und in feine Streifen schneiden. Die Zwiebel schälen, halbieren und ebenfalls in feine Streifen schneiden. Die Radieschen waschen, putzen und in dünne Scheiben schneiden. Die Himbeeren verlesen. Die getrockneten Beeren hacken. Die Haselnüsse grob hacken.
❸ In einer Schüssel den Zitronensaft mit dem Essig, dem Honig, Salz, Pfeffer und dem Öl verrühren. Die Haferkörner (falls nötig abgetropft) mit allen vorbereiteten Zutaten unter das Dressing mischen und ziehen lassen.
❹ Den Käse in Scheiben schneiden und auf dem heißen Grill auf beiden Seiten goldbraun grillen. Mit Salz und Pfeffer würzen und mit Schwarzkümmel bestreuen. Den Salat abschmecken, den Käse darauflegen und servieren.

ZUTATEN
250 g Haferkörner
Salz
2 Babyfenchel
1 rote Zwiebel
100 g Radieschen
150 g Himbeeren
30 g getrocknete Beeren, z.B. Cranberrys und Heidelbeeren
40 g Haselnusskerne
2 EL Zitronensaft
2 EL Himbeeressig
1 TL flüssiger Honig
Pfeffer aus der Mühle
3 EL Nussöl
500 g Halloumi
1 EL Schwarzkümmel

Der Salat lässt sich prima vorbereiten und erst kurz dem Verzehr mit dem knusprig gegrillten Halloumi ergänzen.

GESCHMORTE FEIGEN MIT ZIEGENFRISCHKÄSE

Für 4 Personen

Zubereitungszeit: 25 Minuten
Garzeit: ca. 4 Minuten
Schwierigkeitsgrad: leicht

❶ Die Feigen waschen, putzen, halbieren oder vierteln.
❷ Den Weißwein mit Zimt, Anis, Zitronenschale und 2 EL Honig aufkochen und ca. 4 Minuten offen kochen lassen. Die Feigen zugeben und 2 Minuten darin zugedeckt bei mittlerer Hitze garen, dann vom Herd ziehen und im Sud erkalten lassen.
❸ Zum Servieren den Ziegenfrischkäse mit der Crème fraîche glatt rühren und auf Dessertteller verteilen. Die Feigen dazu anrichten, mit dem Sud beträufeln und den übrigen Honig über den Frischkäse träufeln.

ZUTATEN

4 reife Feigen
120 ml trockener Weißwein
½ Zimtstange
1 TL Anissamen
1 Stück Zitronenschale
4 EL flüssiger Honig
200 g Ziegenfrischkäse
80 g Crème fraîche

Wenn es frische Feigen gibt, steht diese leckere Vorspeise mit französischer Note regelmäßig auf der Speisekarte des „Carlas“.

MANGO-AVOCADO-SALAT MIT KIRSCHTOMATEN UND RUCOLA

Für 4 Personen

Zubereitungszeit: 20 Minuten
Schwierigkeitsgrad: leicht

❶ Die Mango schälen und das Fruchtfleisch würfeln. Den Rucola verlesen, waschen und trocken schleudern. Die Kirschtomaten waschen und halbieren.
❷ Den Limettenabrieb und den Limettensaft mit dem Aprikosengelee und dem Senf verrühren. Mit dem Olivenöl zu einer Vinaigrette verrühren, mit Salz, Pfeffer und Cayennepfeffer abschmecken.
❸ Die Avocados halbieren, entkernen und das Fruchtfleisch im Ganzen aus den Schalen heben. In Würfel schneiden und zusammen mit der Mango, dem Rucola und den Tomaten auf Tellern anrichten. Die Vinaigrette dazu reichen.

ZUTATEN

1 große Mango
150 g Rucola
350 g Kirschtomaten
Abrieb und Saft von
2 unbehandelten Limetten
1 EL Aprikosengelee
1 TL mittelscharfer Senf
40 ml mildes Olivenöl
Salz
Pfeffer aus der Mühle
1–2 Prisen Cayennepfeffer
2 Avocados

Den schnellen Salat mit dem Superfood Avocado setzt **Carla Saravakos** gerne auf die Speisekarte.

BAGUETTE-SANDWICH MIT PULLED PORK, SENFSAUCE, BASILIKUM UND FETA

Für 4 Personen

Zubereitungszeit: 45 Minuten
Wartezeit: ca. 12 Stunden
Garzeit: ca. 8 Stunden
Schwierigkeitsgrad: mittel

❶ Den Zucker mit der Gewürzmischung vermengen. Das Fleisch abbrausen, trocken tupfen und damit von allen Seiten gründlich einreiben. Dann abdecken und über Nacht im Kühlschrank marinieren lassen.
❷ Am nächsten Tag den Backofen auf 150 °C Ober-/Unterhitze vorheizen. Den Saft mit der Brühe vermischen und in eine Bratreine geben. Das Fleisch hineinlegen und auf die unterste Schiene in den Ofen schieben. Ein Fleischthermometer in die Mitte stecken und das Fleisch im Ofen ca. 6 Stunden garen lassen. Dabei nach Bedarf noch Flüssigkeit zugießen. Ab und zu das Fleisch damit übergießen. Das Fleisch ist fertig, wenn es eine Kerntemperatur von ca. 90 °C erreicht hat. Dann herausnehmen, in Alufolie wickeln und 1–2 Stunden warm halten.
❸ Für die Senfsauce das Olivenöl mit beiden Senfsorten, dem Zitronensaft sowie Salz und Pfeffer verquirlen und abschmecken. Den Feta würfeln. Das Basilikum abbrausen, trocken schütteln und die Blätter abzupfen. Die Sandwiches halbieren.
❹ Den Braten auspacken und das Fleisch mit Hilfe von zwei Gabeln auseinanderpflücken. Mit dem Basilikum auf den Unterseiten der Baguettes verteilen und mit der Senfsauce beträufeln. Den Feta darüber verteilen und mit der angelegten Brötchenoberseite servieren.

ZUTATEN

30 g Zucker
1 EL Grillgewürz
1,5 kg Schweinenacken
ca. 150 ml Apfelsaft
ca. 100 ml Fleischbrühe
4 EL Olivenöl
1 EL mittelscharfer Senf
1 TL Dijon-Senf
1 EL Zitronensaft
Salz
Pfeffer aus der Mühle
100 g Feta
2 Hand voll Basilikum
4 Baguette-Sandwiches

Bei Pulled Pork kennt die Begeisterung von **Torben Lichtenhagen**, **Ben Berger**, **Gunter Flickenschild** und **Thomas Jansen** keine Grenzen.

ARTISCHOCKEN-VERRINE MIT ZIEGENFRISCHKÄSE

Für 4 Personen

Zubereitungszeit: 15 Minuten
Schwierigkeitsgrad: leicht

❶ Die Artischockenherzen in einem Sieb sehr gut abtropfen lassen. Etwa ein Drittel der Artischocken zusammen mit dem Frischkäse und der Sahne fein pürieren. Mit Salz, Pfeffer und Zitronensaft abschmecken. In Gläser füllen.
❷ Die restlichen Artischocken gegebenenfalls halbieren und auf der Creme verteilen. Mit rotem Pfeffer bestreuen und mit glatter Petersilie garnieren.

ZUTATEN

350 g Artischockenherzen aus dem Glas
150 g Ziegenfrischkäse
2–3 EL Sahne
Salz
Pfeffer aus der Mühle
1–2 TL Zitronensaft
rote Pfefferkörner zum Bestreuen
glatte Petersilie zum Garnieren

Diese Vorspeise ist schnell gemacht und unkompliziert, sieht dazu sehr schick aus – optimal also, wenn man Gäste erwartet.

AUBERGINEN-ZIEGENKÄSE-TÖRTCHEN

Für 4 Personen

Zubereitungszeit: 15 Minuten
Wartezeit: ca. 10 Minuten
Backzeit: ca. 25 Minuten
Schwierigkeitsgrad: leicht

❶ Die Auberginen waschen, putzen und in ca. 1,5 cm dicke Scheiben schneiden. Salzen und etwa 10 Minuten Wasser ziehen lassen. Anschließend trocken tupfen.
❷ Den Backofen auf 200 °C Ober-/Unterhitze vorheizen.
❸ Den Blätterteig ausrollen und vier Kreise mit ca. 15 cm Durchmesser ausstechen. Auf ein mit Backpapier belegtes Backblech legen. Den Ziegenfrischkäse auf den Teig streichen und dabei einen kleinen Rand frei lassen. Die Auberginenscheiben auf dem Käse verteilen, salzen, pfeffern und mit dem Thymian bestreuen. Mit dem Öl beträufeln und im Ofen ca. 25 Minuten goldbraun backen.
❹ Aus dem Ofen nehmen und mit dem Ahornsirup überträufelt servieren.

ZUTATEN

2 Auberginen
Salz
250 g Blätterteig
300 g Ziegenfrischkäse
Pfeffer
1 EL frisch gehackter Thymian
1–2 EL Olivenöl
3–4 EL Ahornsirup

Für die griechische Küche, die Heimatküche von **Carla Saravakos**, sind Zutaten wie Auberginen und Ziegenkäse typisch.

WARMER BUTTERNUSSKÜRBIS-PAPRIKA-SALAT MIT JOGHURTDRESSING UND RUCOLA

Für 4 Personen

Zubereitungszeit: 25 Minuten
Garzeit: ca. 30 Minuten
Schwierigkeitsgrad: leicht

❶ Den Backofen auf 220 °C Ober-/Unterhitze vorheizen. Den Kürbis in dünne Scheiben schneiden. Die Paprikaschoten waschen, halbieren, entkernen und in Streifen schneiden. Den Kürbis und die Paprika auf einem Backblech mit Backpapier verteilen, salzen, pfeffern, mit dem Olivenöl besprenkeln und im Backofen 25–30 Minuten leicht gebräunt garen.

❷ In der Zwischenzeit den Rucola waschen und trocken schleudern. Den Joghurt und den Zitronensaft, den Senf und den Ahornsirup zu einem Dressing verrühren, mit Salz und Pfeffer abschmecken. Das Gemüse aus dem Ofen nehmen, etwas abkühlen lassen und auf Tellern anrichten. Mit dem Dressing beträufeln, mit dem Sesam bestreuen und den Rucola darüber verteilen.

ZUTATEN

400 g Butternut-Kürbisfleisch
3 rote Paprikaschoten
Salz
Pfeffer aus der Mühle
4 EL Olivenöl
1–2 Hand voll Rucola
200 g Joghurt
Saft von 1 Zitrone
1 TL Dijon-Senf
1 TL Ahornsirup
2 EL Sesam

Dieser köstliche Herbst- und Wintersalat sorgt für vollen Genuss, wenn das Lüneburger Wetter ungemütlich wird.

WEIZENSALAT MIT GRANATAPFELKERNEN UND KRÄUTERN

Für 4 Personen

Zubereitungszeit: 20 Minuten
Garzeit: ca. 10 Minuten
Wartezeit: ca. 30 Minuten
Schwierigkeitsgrad: leicht

❶ Den Weizenschrot in Wasser ca. 30 Minuten einweichen. Den Weichweizen währenddessen nach Packungsanleitung in Salzwasser noch leicht bissfest garen, in einem Sieb abtropfen und abkühlen lassen. Den Schrot ebenfalls abtropfen lassen und mit dem Weichweizen vermengen.
❷ Die Zwiebel schälen und fein hacken. Die Kräuter waschen, trocken schütteln und die Blätter klein schneiden. Den Granatapfel andrücken, halbieren und die Kerne herauslösen.
❸ Alle vorbereiteten Zutaten mit dem Zitronensaft und dem Olivenöl vermengen, mit Salz und Pfeffer abschmecken.

ZUTATEN

100 g Weizenschrot
150 g Weichweizen, z.B. Ebli
Salz
1 rote Zwiebel
1 Hand voll glatte Petersilie
1 Hand voll Basilikum
1 Granatapfel
Saft von ½ Zitrone
30 ml Olivenöl
Pfeffer aus der Mühle

Der Granatapfel gilt als gesund und ist typisch für die Küche des Mittelmeerraums. Auch im „Carlas“ sind die knackigen, leicht herb schmeckenden Kerne immer auf der Speisekarte zu finden.

KARTOFFELSALAT MIT LACHS, GRÜNEN BOHNEN, EI UND OLIVEN

Für 4 Personen

Zubereitungszeit: 30 Minuten
Garzeit: 25 Minuten
Schwierigkeitsgrad: leicht

❶ Den Lachs abbrausen, trocken tupfen und mit ca. 1 EL Zitronensaft beträufeln. Die Kartoffeln gründlich waschen bzw. abbürsten und in Salzwasser 20–25 Minuten garen. Anschließend lauwarm abkühlen lassen.
❷ Die Eier je nach Belieben wachsweich oder hart kochen. Die Bohnen putzen und in kochendem Salzwasser ca. 8 Minuten blanchieren. Anschließend abgießen, abschrecken und abtropfen lassen. Den Salat putzen, waschen, trocken schütteln bzw. schleudern und in mundgerechte Stücke zupfen.
❸ 2 EL Öl in einer beschichteten Pfanne erhitzen. Das Fischfilet trocken tupfen, salzen, pfeffern und rundherum ca. 4 Minuten braten. Den Knoblauch andrücken und mit dem Thymian zum Lachs geben. Den Lachs zugedeckt neben dem Herd garziehen lassen, dann in mundgerechte Stücke teilen.
❹ Das übrige Öl mit dem restlichen Zitronensaft verrühren und mit Salz und Pfeffer würzen. Den Blattsalat mit den Kartoffeln, den Oliven, den Bohnen und dem Fisch auf vier flachen Tellern anrichten. Die gepellten Eier halbieren und daraufsetzen. Mit dem Zitrusöl beträufelt servieren.

ZUTATEN

400 g Lachsfilet
Saft von 1 Zitrone
600 g festkochende Kartoffeln
Salz
4 Eier
200 g grüne Bohnen
½ Kopfsalat
6 EL Olivenöl
Pfeffer aus der Mühle
1–2 Knoblauchzehen
1 Stängel Thymian
2–3 EL schwarze Oliven

Oliven, Knoblauch, grüne Bohnen und Thymian machen diesen Kartoffelsalat zu einem außergewöhnlichen Genuss mit südlichem Flair.

JOACHIM KRETZER
als Rechtsanwalt
Torben Lichtenhagen

Joachim Kretzer ist als Torben Lichtenhagen seit der Folge 1001 dabei und war seitdem auch schon in einer Doppelrolle zu sehen. In der Serie hat er die schöne Köchin Carla Saravakos an seiner Seite. Privat ist er der Koch und seine Freundin die Bäckerin. An seiner Rolle mag er das strukturierte Denken des Juristen Torben Lichtenhagen, jedoch ist Joachim Kretzer die pedantische Art von Torben Lichtenhagen fremd. Wie Torben neben seinem Beruf entweder auf sein Pferd Ginny oder auf sein Rennrad steigt, so braucht auch Joachim täglich seine Sporteinheit, gerne zusammen mit seinem Kollegen Hakim-Michael Meziani. An seine erste Szene kann sich Joachim noch gut erinnern, in der er fast einen Fahrradunfall auf dem Stintmarkt hatte. Jetzt sind Carla und Torben ins Rosenhaus gezogen. Privat hat sich Joachim zusammen mit seiner Freundin Alona, die er am Set der „Roten Rosen" kennengelernt hat, in der Nähe von Hamburg niedergelassen.

Wenn es schnell gehen muss:

HAUPT-GERICHTE

mit wenig Aufwand

BULGUR MIT FRISCHEN FRÜCHTEN UND PINIENKERNEN

Für 4 Personen

Zubereitungszeit: 15 Minuten
Garzeit: ca. 15 Minuten
Schwierigkeitsgrad: leicht

❶ Den Bulgur in kochendem Salzwasser nach Packungsanleitung mit noch leichtem Biss garen. In einem Sieb kalt abbrausen und gut abtropfen lassen.
❷ Während der Bulgur kocht, die Pfirsiche waschen, halbieren, entkernen und würfeln. Die Erdbeeren waschen, putzen und in kleine Stücke schneiden. Das Obst mit dem Zitronensaft und dem braunen Zucker mischen und Saft ziehen lassen. Die Minze waschen, trocken schütteln und die Blätter klein schneiden. Die Pinienkerne in einer trockenen Pfanne goldbraun anrösten.
❸ Den Bulgur mit dem Obst, dem ausgetretenen Saft, den abgekühlten Pinienkernen und der Minze vermengen, abschmecken und in Schälchen servieren.

ZUTATEN

150 g Bulgur
Salz
2 Pfirsiche
250 g Erdbeeren
Saft von ½ Zitrone
1 EL brauner Zucker
1 Hand voll frische Minze
50 g Pinienkerne

Bulgur wird aus Hartweizen hergestellt und in der Türkei und Griechenland, der Heimat von **Carla Saravakos**, gerne als Beilage oder Salat serviert. Da die Weizenkörner vorgekocht sind, lässt sich Bulgur schnell zubereiten.

SCHNELLES ZITRONENRISOTTO MIT GARNELEN

Für 4 Personen

Zubereitungszeit: 15 Minuten
Garzeit: ca. 20 Minuten
Schwierigkeitsgrad: mittel

❶ 1 EL Butter und 1 EL Olivenöl in einem Topf erhitzen. Die Zwiebeln darin glasig dünsten. Den Reis dazugeben und mitschwitzen, bis er glasig wird. Dann mit dem Wein ablöschen und diesen verdunsten lassen. Etwas Brühe angießen und unter gelegentlichem Rühren garen, bis die Flüssigkeit aufgesogen ist. Dann wieder Brühe zugießen und auf diese Weise den Reis in 17–20 Minuten mit leichtem Biss garen.
❷ In der Zwischenzeit die Zitrone abwaschen, abtrocknen und die Schale abreiben. Den Saft auspressen und etwa zwei Drittel davon mit dem Abrieb zum Risotto geben. Die Paprika waschen, halbieren, entkernen und in kleine Stücke schneiden. In den letzten ca. 5 Minuten Garzeit die Paprikastücke zugeben.
❸ Die Garnelen abbrausen und trocken tupfen. Den Knoblauch schälen und hacken. Mit den Garnelen in 1 EL heißer Butter und dem übrigen Öl 3–4 Minuten braten. Mit Salz und Chiliflocken würzen.
❹ Zum Schluss das Risotto mit der übrigen Butter und dem Parmesan verfeinern. Mit Salz, Pfeffer und Zitronensaft abschmecken. Auf Teller oder Schälchen verteilen, die Garnelen daraufsetzen und mit Petersilie bestreut sofort servieren.

ZUTATEN
3 EL Butter
2 EL Olivenöl
1 EL Zwiebelwürfel
350 g Risottoreis, z.B. Arborio
150 ml trockener Weißwein
ca. 1 l heiße Geflügelbrühe
1 unbehandelte Zitrone
1 gelbe Paprikaschote
300 g Riesengarnelen, entdarmt und bis auf das Schwanzsegment geschält
2 Knoblauchzehen
Salz
Chiliflocken
40 g geriebener Parmesan
Pfeffer aus der Mühle
2 EL frisch gehackte Petersilie

Dieses schnelle Risotto ist ein optimales Sommergericht, das mit seinen Aromen an einen Urlaub am Mittelmeer erinnert.

GEBRATENER BROKKOLI MIT SESAM UND MANGO

Für 4 Personen

Zubereitungszeit: 20 Minuten
Garzeit: ca. 15 Minuten
Schwierigkeitsgrad: leicht

❶ Die Schalotte schälen und fein würfeln. Die Mango schälen, das Fruchtfleisch vom Kern schneiden und fein würfeln. Zusammen der Schalotte, dem Essig und dem Zucker unter Rühren in einem Topf aufkochen lassen. 2–3 Minuten bei niedriger Temperatur köcheln lassen, mit Cayennepfeffer würzen und abkühlen lassen.
❷ 270 ml Wasser für den Backteig in den Tiefkühler stellen. Den Brokkoli waschen, in seine Röschen zerlegen und die Röschen längs halbieren. Das Ei und das Wasser aus dem Tiefkühler schaumig schlagen, das Mehl, die Stärke und das Natron dazugeben und zusammen mit dem Sesam zu einem flüssigen Teig verrühren. In eine flache Schale geben, den Brokkoli einzeln durch den Teig ziehen und im heißen Rapsöl in einer tiefen Pfanne von allen Seiten leicht gebräunt braten. Auf Küchenpapier abtropfen lassen und zusammen mit dem Mangodip servieren.

ZUTATEN

1 Schalotte
1 Mango
2 EL Weißweinessig
40 g brauner Zucker
1 Msp. Cayennepfeffer
1 Brokkoli
1 Ei
100 g Reismehl
100 g Reisstärke
1 Prise Natron
4 EL Sesam
ca. 100 ml Rapsöl

Wenn es bei Oberärztin **Dr. Britta Berger** schnell gehen muss, aber trotzdem gesund sein soll, kommt dieses leckere Gemüsegericht in Frage.

BENS SCHINKEN-NUDELN

Für 4 Personen

Zubereitungszeit: 10 Minuten
Garzeit: ca. 15 Minuten
Schwierigkeitsgrad: leicht

❶ Die Spaghetti in Salzwasser al dente kochen.
❷ Die Eigelbe mit der Sahne in eine Schüssel geben. Mit Salz und Pfeffer würzen und verquirlen. Den Schinken in Streifen schneiden. Den Knoblauch schälen und fein würfeln. Den Schinken im heißen Öl in einer Pfanne glasig anschwitzen. Den Knoblauch zufügen, kurz mitschwitzen und die abgetropften Nudeln mit 2 EL Parmesan unterschwenken. Die Eiersahne untermengen.
❸ Auf Tellern anrichten und mit dem restlichen Parmesan bestreut servieren.

ZUTATEN
500 g Spaghetti
Salz
4 Eigelb
200 ml Sahne
Pfeffer aus der Mühle
100 g Schinken, z.B. Pancetta
1 Knoblauchzehe
1–2 EL Olivenöl
4–6 EL frisch geriebener Parmesan

Wenn **Ben Berger** kocht, ist seine erste Wahl immer seine schnellen und unkomplizierten Schinkennudeln.

LACHS MIT ZITRONENKRUSTE AUF SALAT

Für 4 Personen

Zubereitungszeit: 30 Minuten
Backzeit: ca. 15 Minuten
Schwierigkeitsgrad: leicht

❶ Den Backofen auf 200 °C Ober-/Unterhitze vorheizen und ein Backblech mit Backpapier belegen.
❷ Den Lachs abbrausen, trocken tupfen und auf das Blech legen. Die Schalotte und den Knoblauch schälen und fein hacken. Die Zitrone heiß abwaschen, abtrocknen, die Schale fein abreiben und den Saft auspressen. Die Petersilie abbrausen, trocken schütteln und die Blätter fein hacken. 2 EL Öl in eine kleine Schale geben, die Schalotten- und die Knoblauchwürfel, den Zitronensaft, den -abrieb und die Petersilie hinzufügen und verrühren. Mit Salz und Pfeffer würzen und den Lachs damit einstreichen. In den Ofen schieben und ca. 15 Minuten backen.
❸ Für den Salat den Rucola und Spinat gründlich waschen und trocken schleudern. Die Gurke waschen, halbieren und schräg in Scheiben schneiden. Die Sprossen abbrausen und abtropfen lassen.
❹ Alle Salatzutaten mit der Kresse auf einer Platte anrichten. Den Essig mit dem Sauerrahm, dem Senf, dem Honig und den übrigen 2 EL Öl verquirlen. Mit Salz abschmecken und über den Salat träufeln. Den fertigen Lachs auflegen und servieren.

ZUTATEN

1 Lachsfilet à 600–800 g
½ Schalotte
1 Knoblauchzehe
1 unbehandelte Zitrone
½ Hand voll Petersilie
4 EL Olivenöl
Salz
Pfeffer aus der Mühle
1–2 Hand voll Rucola
1–2 Hand voll Babyspinat
½ Gurke
2–3 EL Sprossen, z.B. Rettichsprossen
2 EL Kresse
4 EL weißer Balsamico
1 EL Sauerrahm
1 EL körniger Senf
1 TL Honig

Dieses schnelle Gericht ist gesund und gleichzeitig gut für die Figur: Lachs enthält viele wertvolle Omega-3-Fettsäuren, für den ergänzenden Vitaminschub sorgt der frische Salat. Im „Carlas“ steht der Zitruslachs daher immer mal wieder auf der Speisekarte.

SCHNELLE RATATOUILLE MIT PFANNENGEBRATENEM FISCH

Für 4 Personen

Zubereitungszeit: 20 Minuten
Garzeit: 15 Minuten
Schwierigkeitsgrad: leicht

❶ Die Zucchini, die Paprikaschoten und die Aubergine waschen, putzen und in Streifen oder Scheiben schneiden. Die Tomaten halbieren. Die Zwiebel und den Knoblauch schälen, die Zwiebel in Streifen schneiden. Den Knoblauch fein hacken und mit den Zwiebelstreifen in einer heißen Pfanne in 2 EL Öl anschwitzen. Die Zucchini, die Paprika und die Aubergine zugeben und unter Rühren 2–3 Minuten braten. Die Tomaten ergänzen und mit dem Wein ablöschen. Mit Salz und Pfeffer würzen und 5–10 Minuten gar schmoren lassen.
❷ Den Fisch abbrausen, trocken tupfen und in 8 gleich große Stücke teilen. Mit Salz und Pfeffer würzen und in einer heißen, beschichteten Pfanne im übrigen Öl auf beiden Seiten je ca. 2 Minuten goldbraun braten. Den Rucola waschen, putzen, trocken schütteln und klein zupfen.
❸ Das Gemüse abschmecken, auf Tellern anrichten, den Fisch darauflegen und mit Rucola garniert servieren.

ZUTATEN

4 Babyzucchini
2 rote Paprikaschoten
1 Aubergine
150 g gelbe Kirschtomaten
1 rote Zwiebel
2 Knoblauchzehen
4 EL Olivenöl
100 ml trockener Weißwein
Salz
Pfeffer aus der Mühle
800 g Fischfilets, küchenfertig und ohne Haut (z.B. Makrele)
1 Hand voll Rucola

Ratatouille stammt aus der Küche Südfrankreichs. Ergänzt mit pfannengebratenem Fisch wird daraus eine volle Mahlzeit, die gut für Figur und Gesundheit ist.

LAMM MIT BULGURSALAT UND KIRSCHTOMATEN

Für 4 Personen

Zubereitungszeit: 15 Minuten
Garzeit: ca. 25 Minuten
Schwierigkeitsgrad: mittel

❶ Den Bulgur in kochendem Salzwasser nach Packungsanleitung mit noch leichtem Biss garen. In einem Sieb kalt abbrausen und gut abtropfen lassen. Die Tomaten waschen, halbieren, entkernen und würfeln. Die Kichererbsen in einem Sieb waschen und abtropfen lassen. Die Petersilie waschen, trocken schütteln und hacken. Alle vorbereiteten Zutaten mit dem Zitronensaft und 30 ml Olivenöl zu einem Bulgursalat vermischen und mit Salz und Pfeffer abschmecken.

❷ Die Kirschtomaten waschen. Den Knoblauch schälen und halbieren. Die Lammsteaks waschen, trocken tupfen, mit dem Knoblauch einreiben, salzen und pfeffern. Das restliche Olivenöl in 2 Pfannen erhitzen und die Lammsteaks darin von beiden Seiten je 3–4 Minuten braten. Nach dem Wenden die Kirschtomaten um das Fleisch herum verteilen und kurz mitbraten.

❸ Den Bulgursalat zusammen mit dem Fleisch und den Kirschtomaten auf Tellern anrichten und servieren.

ZUTATEN

200 g Bulgur
Salz
4–5 Tomaten
1 Dose Kichererbsen à 400 g
2 Hand voll glatte Petersilie
Saft von 1 Zitrone
50 ml Olivenöl
Pfeffer aus der Mühle
500 g Kirschtomaten
2 Knoblauchzehen
8 Lammsteaks, aus der Keule, à ca. 80 g

In der Küche der griechischen Heimat von **Carla Saravakos** sind Zutaten wie Lammfleisch, Bulgur, Kichererbsen, Tomaten, frische Kräuter und Knoblauch sehr beliebt.

ZITRONEN-SPAGHETTI MIT GARNELEN

Für 4 Personen

Zubereitungszeit: 15 Minuten
Garzeit: ca. 20 Minuten
Schwierigkeitsgrad: leicht

❶ Den Rucola waschen, verlesen und trocken schleudern. Ein paar Blätter zum Garnieren beiseitelegen, den Rest grob hacken. Die Nudeln nach Packungsanleitung in kochendem Salzwasser mit noch etwas Biss garen; abgießen und abtropfen lassen.
❷ In der Zwischenzeit den Knoblauch schälen und fein würfeln. Die Garnelen waschen und trocken tupfen.
❸ Die Butter und das Olivenöl in einer Pfanne erhitzen. Den Knoblauch darin anschwitzen; mit dem Weißwein und der Sahne ablöschen. Mit Zitronensaft, -abrieb, Salz und Pfeffer würzen, anschließend ca. 5 Minuten bei niedriger Temperatur kochen lassen. Die Garnelen hinzufügen und weitere 2–3 Minuten kochen. Die abgetropften Nudeln sowie den gehackten Rucola dazugeben und durch Schwenken vermischen.
❹ In tiefen Tellern anrichten, mit den Rucolablättern und mit Parmesanspänen garnieren.

ZUTATEN

2 Hand voll Rucola
500 g Spaghetti
Salz
4 Knoblauchzehen
500 g rohe Garnelen, ohne Kopf und Schale
2 EL Butter
3 EL Olivenöl
100 ml trockener Weißwein
250 ml Sahne
50 ml Zitronensaft
Abrieb einer unbehandelten Zitrone
Pfeffer aus der Mühle
Parmesanspäne zum Garnieren

Zitronenspaghetti mit Garnelen sind ein schnelles, unkompliziertes Gericht, das nach Meer und Urlaub schmeckt. **Carla Saravakos** setzt es daher immer wieder mal auf die Speisekarte des „Carlas“.

CREMIGES KÜRBIS-BOHNEN-CURRY

Für 4 Personen

Zubereitungszeit: 15 Minuten
Garzeit: ca. 20 Minuten
Schwierigkeitsgrad: leicht

❶ Den Kürbis würfeln. Die Bohnen waschen, putzen und je nach Länge halbieren oder dritteln. Die Zwiebel, den Knoblauch und den Ingwer schälen, alles fein würfeln und in einer heißen Pfanne in Ghee oder Butterschmalz glasig anschwitzen. Mit dem Tandoori Masala würzen, dann die passierten Tomaten und die Brühe ergänzen.
❷ Den Kürbis zugeben, mit Zitronensaft beträufeln, salzen, pfeffern und halb zugedeckt ca. 15 Minuten gar schmoren lassen. Während der letzten ca. 5 Minuten die Bohnen ergänzen. Kurz vor dem Servieren die Petersilie darüberstreuen und abschmecken. Dazu nach Belieben Reis reichen.

ZUTATEN

800 g Kürbisfruchtfleisch, z.B. Muskatkürbis
200 g grüne Bohnen
1 Zwiebel
1 Knoblauchzehe
2–3 cm frischer Ingwer
2 EL Ghee oder Butterschmalz
2–3 TL Tandoori Masala
100 g passierte Tomaten
150 ml Gemüsebrühe
1–2 EL Zitronensaft
Salz
Pfeffer aus der Mühle
2 EL frisch gehackte Petersilie

Currys stammen ursprünglich aus Indien, sind aber inzwischen auch fester Bestandteil der Küche Pakistans, Malaysias und Thailands – auf der Speisekarte des „Carlas" sorgen nahrhafte Gemüse-Currys für einen Hauch Exotik.

BRITTAS SCHNELLES HÜHNERFRIKASSEE

Für 4 Personen

Zubereitungszeit: 15 Minuten
Garzeit: ca. 30 Minuten
Schwierigkeitsgrad: leicht

❶ Die Möhren, die Zwiebeln und den Sellerie schälen und alles in kleine Stücke schneiden. Mit dem Wein, der Brühe, dem Lorbeerblatt, dem Wacholder und den Pfefferkörnern in einem Topf aufkochen lassen. Das Hähnchen abbrausen, in den Sud legen und darin ca. 15 Minuten bei milder Hitze gar ziehen lassen. Dann aus der Brühe nehmen und etwas abkühlen lassen. Die Brühe durch ein Sieb gießen und auffangen.
❷ Die Champignons putzen und in Scheiben schneiden. In einem heißen Topf in 1 EL Butter kurz anbraten und wieder aus dem Topf nehmen. Die übrige Butter in den Topf geben, das Mehl einstreuen und kurz anschwitzen. Unter Rühren ca. 500 ml der Brühe angießen, die Sahne ergänzen und das Ganze ca. 5 Minuten sämig köcheln lassen. Nach Bedarf Brühe ergänzen. Mit Zitronensaft, Salz und Pfeffer würzen.
❸ Das Hähnchenfleisch klein würfeln und zusammen mit den Erbsen und den Champignons in die Sauce geben. Zusammen ca. 5 Minuten gar köcheln lassen. Vor dem Servieren abschmecken und mit Currypulver bestreuen. Dazu nach Belieben Reis (evtl. mit Zitronengras aromatisiert) reichen.

ZUTATEN
2 Möhren
2 Zwiebeln
100 g Knollensellerie
200 ml trockener Weißwein
500 ml Geflügelbrühe
1 Lorbeerblatt
4–5 Wacholderbeeren
½ TL Pfefferkörner
4 Hähnchenbrustfilets à ca. 160 g
250 g braune Champignons
2 EL Butter
1–2 EL Mehl
100 ml Sahne
Zitronensaft
Salz
Pfeffer aus der Mühle
200 g TK-Erbsen
Currypulver

Als Ärztin weiß **Dr. Britta Berger**, dass Geflügelfleisch weniger Fett und mehr Eiweiß als sogenanntes rotes Fleisch, z.B. Rind- oder Schweinefleisch, besitzt und damit besser für Gesundheit und Figur ist.

MARIA FUCHS als Restaurantbesitzerin *Carla Saravakos*

Die temperamentvolle Carla Saravakos stieg mit der Folge 401 ein und ist nun schon seit acht Jahren Mitglied der Rosenfamilie. Damals spielte **Maria Fuchs** noch ein Zimmermädchen im „Drei Könige", das sich in ihren Chef, den Hoteldirektor Gunter Flickenschild, verliebte. Nun ist Carla Köchin in ihrem eigenen Restaurant „Carlas". Auch privat ist Maria die Köchin, das gemeinsame Familienessen gehört für sie jeden Abend dazu. Am Wochenende wird ausgiebig gefrühstückt, da dürfen Tomaten, selbst gepulte Nordseekrabben, Bio-Eier, Cayennepfeffer und geröstetes Schwarzbrot nicht fehlen. Die Eier bringt sie gerne von der Nordsee mit: „Dort kann ich die glücklichen Hühner frei herumlaufen sehen." Früher hätte Maria gesagt, dass Carla und sie nicht so viel gemeinsam haben, doch nun sieht sie es anders. Carla ist im Gegensatz zu Maria trotzdem weitaus impulsiver. An ihre erste Szene kann sie sich noch gut erinnern. Es war die Beerdigung vom alten Kröger. Da Carla jahrelang das Hausmädchen der Familie war, durfte sie natürlich nicht fehlen. Die erste Szene im Studio war mit ihrem Schauspielkollegen Gerry Hungbauer: „Gerry hat mich damals so aufgezogen und die ganze Zeit gesagt, du wirst es vermasseln, du wirst es vermasseln ... Ich habe mich natürlich sofort versprochen." Lustige Szenen verbindet sie spontan mit Nils Rager, Nikos Saravakos und ihrem Mann Torben Lichtenhagen. Die schönste Szene ist auch für sie die Doppelhochzeit von Britta + Ben und Carla + Torben.

Rote ~~Rosen~~ Bete Spaghetti

FÜR AVA: „ICH LIEBE SPAGHETTIIIIII!..."

Zutaten:

2 gr. Knollen rote Bete
2 gr. Knoblauchzehen
1/2 Bio-Zitrone
4 getrocknete Tomaten
1 handvoll frische, gehackte Petersilie
gutes Olivenöl
Meersalz, Pfeffer … Pasta (nach Gusto)

I. Man wäscht die rote Bete, legt sie in eine Auflaufform, dazu die abgezogenen Knoblauchzehen. Mit Olivenöl beträufeln und ca. 1 TL Salz bestreuen. 1 Std. in den Ofen bei 180°

II. Die Schale einer halben Zitrone abreiben und den Saft auspressen. Die getrockneten Tomaten grob zerschneiden.

III. Die heisse rote Bete wie eine Pellkartoffel pellen und grob zerschneiden

IV. Alle Zutaten in einen Mixer pürieren und Olivenöl langsam einfliessen lassen (~~ei~~ cremige Konsitenz) Mit Salz und Pfeffer abschmecken.

V. Spaghetti in Salzwasser al dente kochen, abgießen, ein wenig Kochwasser behalten und sofort mit dem Rote Bete Pesto vermengen → dazu die Spaghetti

G[illegible] Appetit, Kali Orexi ♡

Wenn GÄSTE KOMMEN: *feine Speisen, die beindrucken*

ERIKAS RINDSROULADEN MIT ROSENKOHL UND KARTOFFELN

Für 4 Personen

Zubereitungszeit: 30 Minuten
Garzeit: ca. 1 Stunde 30 Minuten
Schwierigkeitsgrad: mittel

❶ Die Rouladen waschen, trocken tupfen und bei Bedarf plattieren. Nebeneinander auf der Arbeitsfläche auslegen, mit Salz und Pfeffer würzen. Mit je 1 TL Senf bestreichen und mit je 1 Scheibe Schinken belegen. Die Gurken sowie die geschälte Zwiebel in dünne Streifen schneiden und auf die Fleischscheiben legen. Aufrollen und mit Küchengarn oder kleinen Spießen fixieren.

❷ Die Möhren und den Sellerie schälen und klein schneiden. Den Lauch putzen, waschen und das Weiße klein schneiden. Das Öl in einem Schmortopf erhitzen und die Rouladen von allen Seiten scharf anbraten. Das Gemüse dazugeben und kurz mitbraten. Den Wein und den Fond angießen, den Bratansatz lösen und bei schwacher Hitze zugedeckt ca. 1–1,5 Stunden schmoren lassen, bis sich die Rouladen leicht einstechen lassen, dabei gelegentlich wenden.

❸ Die fertigen Rouladen herausnehmen und warm stellen. Die Sauce mit der Sahne pürieren und gegebenenfalls noch etwas Rinderfond hinzufügen, falls sie zu dicklich gerät.

❹ Während die Rouladen garen, den Rosenkohl putzen und waschen. Die Kartoffeln schälen und je nach Größe längs halbieren oder vierteln. Den Rosenkohl und die Kartoffeln jeweils in kochendem Salzwasser bissfest garen. Abgießen, abtropfen lassen und zusammen mit den Rouladen und der Sauce auf Tellern anrichten.

ZUTATEN

Rouladen

4 Rinderrouladen à ca. 150 g
Salz
Pfeffer aus der Mühle
4 TL Senf
4 Scheiben roher Schinken
4 kleine Gewürzgurken
1 Zwiebel
2 Möhren
¼ Selleriekopf
1 Stange Lauch
3 EL Pflanzenöl
200 ml trockener Weißwein
ca. 500 ml Rinderfond
2–3 EL Sahne

Außerdem

600 g Rosenkohl
800 g kleine festkochende Kartoffeln

Wenn Gäste kommen, setzt **Erika Rose** auf die Klassiker – bei ihren Rinderrouladen kann keiner widerstehen.

CARLAS MOUSSAKA

Für 4 Personen

Zubereitungszeit: 25 Minuten
Garzeit: ca. 1 Stunde
Wartezeit: ca. 20 Minuten
Schwierigkeitsgrad: leicht

❶ 4 EL Olivenöl in einem Topf erhitzen und das Hackfleisch darin krümelig und leicht gebräunt anbraten. In der Zwischenzeit den Knoblauch und die Zwiebeln schälen und fein würfeln. Die Paprika waschen, putzen und in kleine Würfel schneiden; die Tomaten waschen und hacken. Den Thymian waschen und die Blättchen von den Zweigen streifen.
❷ Den Knoblauch, die Zwiebeln, die Paprika, die Tomaten und den Thymian zum Hackfleisch geben, mit Salz, Pfeffer, 1 TL Oregano und Kreuzkümmel würzen. Mit der Hühnerbrühe ablöschen und unter gelegentlichem Rühren bei niedriger Temperatur zugedeckt ca. 20 Minuten garen.
❸ In der Zwischenzeit den Feta zerbröckeln und mit der Petersilie und dem restlichen Oregano vermengen. Die Auberginen waschen, putzen und in Scheiben schneiden. Mit Salz bestreuen und etwa 20 Minuten ziehen lassen. Danach mit Küchenpapier trocken tupfen.
❹ Den Backofen auf 200 °C Ober-/Unterhitze vorheizen.
❺ Etwa die Hälfte der Auberginenscheiben in einer Auflaufform auslegen. Die Hackfleischmischung mit der Hälfte des Fetas vermischen und darauf verteilen. Mit dem geriebenem Ziegengouda bestreuen. Die restlichen Auberginen darüberschichten, mit dem restlichen Olivenöl bepinseln und mit dem übrigen Feta bestreuen. Im Backofen ca. 40 Minuten garen. Nach Belieben einen kleinen Beilagensalat dazu reichen.

ZUTATEN

7 EL Olivenöl
800 g gemischtes Hackfleisch
4 Knoblauchzehen
2 Zwiebeln
2 rote Paprikaschoten
4 Tomaten
1 Hand voll Thymian
Salz
Pfeffer aus der Mühle
2 TL gerebelter Oregano
½ TL gemahlener Kreuzkümmel
400 ml Hühnerbrühe
160 g Feta
2 EL gehackte Petersilie
2 große Auberginen
80 g frisch geriebener Ziegengouda

Moussaka, ein Hackfleischauflauf mit Auberginen, gehört zu den Klassikern der griechischen Küche, wo die kulinarischen Wurzeln von **Carla Saravakos** liegen.

FRITTIERTE STINTE MIT KARTOFFELSALAT UND BOHNEN

Für 4 Personen

Zubereitungszeit: 30 Minuten
Garzeit: ca. 40 Minuten
Schwierigkeitsgrad: leicht

❶ Die Kartoffeln waschen und in einem Topf mit Salzwasser bedeckt in 20–25 Minuten garen. In der Zwischenzeit die Zwiebel schälen und fein würfeln. Den Speck fein würfeln und in einer Pfanne knusprig auslassen. Die Hälfte des Specks aus der Pfanne nehmen und warm stellen. Die Zwiebeln zum Speck in die Pfanne gegen und glasig werden lassen. Die Pfanne mit der Brühe und dem Essig ablöschen; den Zucker und das Öl hinzufügen.
❷ Die Kartoffeln abgießen, heiß pellen, sofort in Scheiben schneiden und mit dem Pfanneninhalt übergießen. Salzen, pfeffern und bis zum Servieren ziehen lassen. Die Gurken fein würfeln und zum Kartoffelsalat dazugeben.
❸ Die Bohnen waschen, putzen und in kochendem Salzwasser ca. 10 Minuten garen.
❹ Die Fische waschen und trocken tupfen. In Mehl wenden und in einer Pfanne in reichlich heißem Fett portionsweise goldbraun ausbacken. Zusammen mit dem Kartoffelsalat, den abgetropften Bohnen und dem warm gestellten Speck servieren.

ZUTATEN

1 kg festkochende Kartoffeln
Salz
1 Zwiebel
150 g durchwachsener Speck
250 ml Brühe, z.B. Fleischbrühe oder Gemüsebrühe
50 ml Weißweinessig
1 TL Zucker
40 ml Pflanzenöl
Pfeffer aus der Mühle
2–3 Gewürzgurken
500 g grüne Bohnen
700 g Stinte
Mehl zum Wenden
Fett zum Frittieren

In Lüneburg erinnert noch immer der Name „Am Stintmarkt“ daran, dass der beliebte Speisefisch früher dort gehandelt wurde. Heute befindet sich in dieser Straße direkt an der Ilmenau eine beliebte Kneipenmeile. Als alteingesessene Lüneburgerin genießt **Johanna Jansen** den typischen in Mehl gewendeten und frittierten Stint gerne.

HEIDSCHNUCKENRÜCKEN À LA „DREI KÖNIGE“

Für 4 Personen

Zubereitungszeit: 45 Minuten
Garzeit: ca. 40 Minuten
Schwierigkeitsgrad: mittel

❶ Den Backofen auf 200 °C Ober-/Unterhitze vorheizen.
❷ Das Fleisch waschen und mit Küchenpapier trocken tupfen. Die Zwiebeln schälen und in kleine Würfel schneiden. Die Kartoffeln pellen und in Scheiben schneiden. Den Salbei waschen und trocken tupfen; den Knoblauch schälen und halbieren. Das Toastbrot von der Rinde befreien und zu Krümeln verarbeiten. Mit dem Senf und den Eigelben vermengen. Das Fleisch von allen Seiten salzen und pfeffern, in 2 EL heißem Rapsöl anbraten, die Stücke nebeneinander in eine Auflaufform legen und mit der Senfmischung bestreichen.
❸ Die Butter in einem Topf erhitzen und die Zwiebeln darin glasig werden lassen. Mit dem Wein ablöschen und bei niedriger Temperatur ca. 10 Minuten schmoren.
❹ Das restliche Öl in einer Pfanne erhitzen und die Kartoffelscheiben darin von allen Seiten goldbraun braten, dabei nach ein paar Minuten den Knoblauch hinzufügen. In der Zwischenzeit das Fleisch in den Ofen schieben und ca. 15 Minuten darin garen.
❺ Die Marmelade mit der Demiglace verrühren und erhitzen. Die Sahne und die Crème fraîche in die Zwiebeln rühren, aufkochen lassen und mit Salz und Pfeffer würzen. Den Salbei unter die Knoblauch-Bratkartoffeln schwenken.
❻ Das Fleisch aus dem Ofen nehmen und nach etwas Ruhezeit in Tranchen aufschneiden. Zusammen mit den Zwiebeln und den Bratkartoffeln auf Teller verteilen und die Aprikosensauce an das Fleisch angießen. Die Zwiebeln mit dem Thymian bestreuen und das Fleisch mit frischem Rosmarin garnieren.

ZUTATEN

4 Heidschnucken-Rückenfilets à ca. 150 g
2 Gemüsezwiebeln
800 g kleine festkochende Pellkartoffeln vom Vortag
1 Hand voll Salbeiblätter
4–5 Knoblauchzehen
4 Scheiben Toastbrot vom Vortag
2 EL Senf
2 Eigelb
Salz
Pfeffer aus der Mühle
6 EL Rapsöl
1 EL Butter
50 ml trockener Weißwein
100 g Aprikosenmarmelade
50 ml Demiglace (braune Bratensauce)
50 ml Sahne
100 g Crème fraîche
1 TL frische Thymianblättchen
frischer Rosmarin zum Garnieren

Die höchst genügsame Schafrasse der Heidschnucken ist vor allem rund um die Lüneburger Heide verbreitet und wird wegen des besonders köstlichen Geschmacks sehr geschätzt.

GEFÜLLTE WIRSINGROULADEN

Für 4 Personen

Zubereitungszeit: 30 Minuten
Garzeit: ca. 40 min
Schwierigkeitsgrad: mittel

❶ Das Brötchen in lauwarmem Wasser einweichen. Die Wirsingblätter waschen und in kochendem Salzwasser 2 Minuten blanchieren. Herausnehmen, kalt abschrecken und trocken tupfen. Nebeneinander ausbreiten und den harten Strunk herausschneiden. Den Backofen auf 180 °C Ober-/Unterhitze vorheizen.
❷ Die Zwiebel schälen, fein würfeln und in einer heißem Pfanne in Öl glasig dünsten. Vom Herd ziehen und abkühlen lassen. Das Hackfleisch mit dem gut ausgedrückten Brötchen, dem Ei, der Zwiebel, dem Senf und dem Thymian mischen und mit Salz und Pfeffer würzen. Etwas von der Hackfleischmasse auf die Wirsingblätter geben, die beiden Seiten 1 cm zur Mitte hin einschlagen und die Blätter zu Rouladen aufrollen. Mit Küchengarn binden und die Rouladen in eine Auflaufform legen.
❸ Die Brühe zu den Rouladen gießen und diese im vorgeheizten Ofen ca. 40 Minuten garen. Herausnehmen, das Küchengarn entfernen und die Rouladen servieren. Dazu passen beispielsweise Salzkartoffeln.

ZUTATEN

1 altbackenes Brötchen
4 große Wirsingblätter
Salz
1 Zwiebel
1 EL Pflanzenöl
500 g gemischtes Hackfleisch
1 Ei
1 TL mittelscharfer Senf
1 TL Thymianblättchen
Pfeffer aus der Mühle
350 ml Gemüsebrühe

Wirsingroulade ist ein typisches Winteressen. Wie alle Rouladen sind auch Kohlrouladen etwas aufwändiger in der Zubereitung – **Erika Rose** serviert sie daher gerne zu besonderen Anlässen.

GEGRILLTES LAMMKARREE MIT FRISCHEN FEIGEN

Für 4 Personen

Zubereitungszeit: 15 Minuten
Garzeit: ca. 10 Minuten
Schwierigkeitsgrad: mittel

❶ Die Lammkarrees waschen, trocken tupfen, parieren und die überstehenden Knochen sauber schaben. In nicht zu dünne Koteletts zerteilen, mit Salz und Orangenpfeffer würzen. Die Feigen waschen, nach Belieben halbieren oder in Spalten schneiden. Den Salbei waschen und trocken tupfen.
❷ Die Koteletts auf einem Grill von beiden Seiten insgesamt 5–10 Minuten braten. Mit den Knochen nach oben auf Teller setzen, die Feigen und den Salbei neben dem Fleisch verteilen.

ZUTATEN

3 Lammkarrees à ca. 250 g
Salz
Orangenpfeffer aus der Mühle
6 Feigen
1 Hand voll Salbeiblätter

Haben frische Feigen Saison, steht auch mal dieses schnelle Gericht auf der Speisekarte des „Carlas“.

SCHWEINE-MEDAILLONS MIT KRÄUTERKRUSTE

Für 4 Personen

Zubereitungszeit: 20 Minuten
Garzeit: ca. 15 Minuten
Schwierigkeitsgrad: mittel

❶ Das Fleisch abbrausen, trocken tupfen und in 12 etwa gleich große Medaillons schneiden. Mit Salz und Pfeffer würzen und in einer großen, heißen Pfanne im Öl auf beiden Seiten ca. 2 Minuten goldbraun braten. Auf ein mit Backpapier belegtes Backblech legen.
❷ Die Zucchini waschen, putzen und fein raspeln. Mit 1 TL Salz vermengt etwa 10 Minuten ziehen lassen.
❸ Den Ofen auf 200 °C Ober-/Unterhitze vorheizen.
❹ Die Zucchini ausdrücken und in eine Schüssel geben. Den Rosmarin abbrausen, trocken schütteln, abzupfen und fein hacken. Das Ei trennen und das Eigelb mit dem Rosmarin, dem Paniermehl und dem Käse unter die Zucchini mischen. Mit Salz und Pfeffer würzen. Das Eiweiß steif schlagen und unter die Kräutermasse heben. Die Masse auf die Medaillons verteilen und diese im Ofen ca. 10 Minuten goldbraun fertig backen.

ZUTATEN

1 kg Schweinefilet, küchenfertig pariert
Salz
Pfeffer aus der Mühle
2 EL Pflanzenöl
1 Zucchini
2–3 Zweige Rosmarin
1 Ei
3–4 EL Paniermehl
2 EL geriebener Parmesan

Hotelier **Gunter Flickenschild**, Sydneys Bruder und Inhaber des Fünf-Sterne-Hotels „Drei Könige“, ist ein Feinschmecker und Liebhaber guter Küche.

PUTENROLLBRATEN MIT SÜSSKARTOFFEL-PÜREE

Für 4 Personen

Zubereitungszeit: 1 Stunde 15 Minuten
Garzeit: ca. 1 Stunde
Schwierigkeitsgrad: mittel

❶ Die Pinienkerne in einer heißen Pfanne leicht anrösten. Die Petersilie und den Thymian abbrausen, trocken schütteln und abzupfen. Den Knoblauch schälen und mit der Petersilie, dem Thymian, dem Limettenabrieb, den Pinienkernen und 3–4 EL Öl leicht stückig pürieren. Mit Salz und Pfeffer würzen.
❷ Den Ofen auf 180°C Ober-/Unterhitze vorheizen. Die Morcheln in ca. 200 ml Wasser etwa 30 Minuten quellen lassen. Den Rollbraten ausbreiten, abbrausen und trocken tupfen. Die Nuss-Kräutermischung darauf verteilen und das Fleisch wieder einrollen. Mit Küchengarn binden und mit Salz und Pfeffer würzen. In einer heißen Pfanne in 2 EL Öl braun anbraten. Auf ein Backblech legen und den abgezupften Salbei darauf verteilen. Mit 1 EL Öl beträufeln und ca. 1 Stunde garen.
❸ Die Süßkartoffeln schälen, waschen und in Salzwasser ca. 30 Minuten gar kochen. Die eingeweichten Pilze durch ein Sieb gießen und das Einweichwasser nochmals durch ein feines Tuch (oder einen Kaffeefilter) filtern. Den Sud auffangen.
❹ Die Zwiebel und den Knoblauch schälen und fein würfeln. In 1 EL Butter in der Pfanne mit dem Bratensatz leicht goldbraun anschwitzen. Mit dem Wein, dem Fond, dem Morchelwasser und dem Cognac ablöschen und auf etwa die Hälfte einköcheln lassen. Anschließend durch ein feines Sieb passieren. Die abgetropften Morcheln zugeben und etwa 10 Minuten leise köcheln lassen. Mit Salz und Pfeffer abschmecken.
❺ Die Kartoffeln pellen, durch die Kartoffelpresse drücken und ausdampfen lassen. Die Sahne heiß werden lassen und mit der restlichen Butter in Stücken unterrühren. Mit Salz und Muskat abschmecken.
❻ Den Braten aus dem Ofen nehmen und das Küchengarn entfernen. In Scheiben schneiden und mit dem Püree und etwas Sauce auf Tellern anrichten. Nach Belieben mit Gemüse und frittierten Salbeiblättern servieren.

ZUTATEN

40 g Pinienkerne
2 Hand voll Petersilie
4–5 Stängel Thymian
2 Knoblauchzehen
Abrieb von 1 unbehandelten Limette
6–7 EL Olivenöl
Salz
Pfeffer aus der Mühle
50 g getrocknete Spitzmorcheln
1 kg Putenrollbraten
2–3 Stängel Salbei
600 g Süßkartoffeln
1 Zwiebel
1 Knoblauchzehe
3 EL Butter
100 ml trockener Weißwein
200 ml Kalbsfond
4 cl Cognac
120 ml Sahne
Muskat

Süßkartoffelpüree ist eine Alternative zu Kartoffelpüree, die vielen Gerichten neuen Pfiff verleiht.

FASANENBRUST MIT BALSAMICOKRAUT

Für 4 Personen

Zubereitungszeit: 1 Stunde
Garzeit: ca. 1 Stunde 10 Minuten
Wartezeit: ca. 15 Minuten
Schwierigkeitsgrad: mittel

❶ Für das Balsamicokraut die Zwiebeln schälen und in Streifen schneiden. Das Sauerkraut in einem Sieb kurz abspülen und abtropfen lassen. Die Butter in einem Topf erhitzen und die Zwiebeln darin glasig werden lassen. Das Sauerkraut hinzufügen und den Weißwein angießen. Die Wacholderbeeren und den Lorbeer dazugeben. Bei niedriger Temperatur zugedeckt ca. 15 Minuten köcheln lassen, dann den Topf vom Herd ziehen. Den Spitzkohl waschen und in feine Streifen schneiden.
❷ Für die Sauce die Schalotte, den Sellerie, die Möhre und die Petersilienwurzel schälen und würfeln. Das Olivenöl in einem Topf erhitzen, das Gemüse darin anbraten und mit der Sahne übergießen. Etwa 5 Minuten köcheln, dann neben dem Herd ca. 15 Minuten ziehen lassen. Durch ein feines Sieb in einen kleinen Topf passieren; mit Salz und Pfeffer würzen.
❸ Den Backofen auf 120 °C Ober-/Unterhitze vorheizen. Die Fasanenbrüste waschen, trocken tupfen, salzen und pfeffern. In einer trockenen Pfanne, beginnend mit der Hautseite, auf beiden Seiten gut gebräunt anbraten. Die Tomaten waschen und zusammen mit den Fasanenbrüsten für ca. 25 Minuten in den Ofen schieben.
❹ Das Sauerkraut aufkochen, den Spitzkohl und 3 EL Balsamicoessig einrühren. Die Sauce aufkochen, mit dem Essig abschmecken. Das Balsamicokraut auf Tellern anrichten. Die Fasanenbrüste in Scheiben schneiden und an das Kraut setzen. Die Tomaten verteilen; die Sauce mit einem Stabmixer aufschäumen und an die Brüste träufeln. Dazu passen kleine Pfannkuchen mit Speck und Pilzen (optional).

ZUTATEN

Balsamicokraut
2 Zwiebeln
1 Dose Sauerkraut à 400 ml
1 EL Butter
200 ml trockener Weißwein
4–5 Wacholderbeeren
2 Lorbeerblätter
3–4 grüne Spitzkohlblätter
3 EL Balsamicoessig

Sauce
1 Schalotte
150 g Sellerieknolle
1 Möhre
1 Petersilienwurzel
2 EL Olivenöl
350 ml Sahne
Salz
Pfeffer aus der Mühle
1 EL Balsamicoessig

Außerdem
4 Fasanenbrüste
12 Kirschtomaten

Gerade in Norddeutschland finden sich noch viele frei lebende Fasane – das köstliche Geflügel steht daher öfter auf der Speisekarte des „Carlas“.

MEERFORELLE MIT ZITRONEN-KARDAMOM-REIS

Für 4 Personen

Zubereitungszeit: 20 Minuten
Garzeit: ca. 20 Minuten
Schwierigkeitsgrad: leicht

❶ Den Backofen auf 220 °C Ober-/Unterhitze vorheizen.
❷ Die Fische waschen, trocken tupfen und nebeneinander mit der Hautseite nach unten auf ein gebuttertes Backblech legen. Den Koriander und die Senfkörner im Mörser grob zermahlen. Die Aroniabeeren in etwas Wasser einweichen. Den Fisch mit etwas flüssiger Butter bestreichen; mit Salz, Zitronenpfeffer und den gemörserten Gewürzen bestreuen. Im Ofen ca. 12–15 Minuten garen; der Fisch sollte innen noch etwas glasig sein.
❸ Während der Fisch gart, die restliche flüssige Butter in einer Pfanne erhitzen und den Reis darin unter Schwenken anbraten. Die abgetropften Beeren hinzufügen. Den Zitronensaft mit dem Kardamom und dem Olivenöl verrühren, etwa die Hälfte der Mischung zum Reis geben, durch Schwenken vermischen und mit Salz und Pfeffer abschmecken. Das Koriandergrün waschen und trocken schütteln.
❹ Den Reis als Bett auf Tellern anrichten, den Fisch in Stücke schneiden und darauf arrangieren. Die Blätter des Koriandergrüns abzupfen und darüberstreuen. Die restliche Zitronen-Kardamom-Mischung dazu reichen.

ZUTATEN

600 g Meerforelle, ersatzweise Lachsforelle (ohne Haut)
Butter für das Blech
3 TL Koriandersamen
1 TL helle Senfkörner
30 g getrocknete Aroniabeeren
30 g flüssige Butter
Salz
Zitronenpfeffer aus der Mühle
500 g gekochter Basmatireis
Saft von 1 Zitrone
½ TL gemahlener Kardamom
30 ml Olivenöl
Pfeffer aus der Mühle
1 Hand voll Koriandergrün

Oberbürgermeister **Thomas Jansen** ist ein Liebhaber von Fischgerichten.

HÜHNERBRUST IN GEWÜRZPANADE AUF WASSERMELONEN-TOMATEN-RELISH

Für 4 Personen

Zubereitungszeit: 30 Minuten
Garzeit: ca. 15 Minuten
Schwierigkeitsgrad: leicht

❶ Für das Relish die Tomaten waschen und die Stielansätze entfernen. Die Früchte ca. 30 Sekunden in kochendes Wasser tauchen, kalt abbrausen und die Haut abziehen. Die Tomaten halbieren, entkernen und das Fruchtfleisch würfeln. Die Zwiebel schälen und fein würfeln; die Gurke waschen, längs halbieren, die Kerne auskratzen und das Fruchtfleisch in kleine Würfel schneiden. Die Chilischote waschen, putzen, halbieren, entkernen und hacken. Alle vorbereiteten Zutaten mit dem Essig und dem Zucker vermengen. Mit Salz würzen und beiseite stellen. Die Mayonnaise mit dem Ketchup und dem Cognac zu einer Cocktailsauce verrühren; mit Salz und Pfeffer würzen.

❷ Die Lauchstange waschen, längs in Julienne schneiden und in kaltes Wasser einlegen, bis sie sich einrollen, dann auf Küchenpapier trocken tupfen. Die Hähnchenbrüste waschen und trocken tupfen. Die Flügelknochen sauber schaben. Die Brüste von allen Seiten mit Salz und Pfeffer würzen. Die Eier mit der Sahne verquirlen und mit Salz, Pfeffer und Koriander würzen. Die Cornflakes mit den Händen zerbröseln und mit den Semmelbröseln vermischen.

❸ Die Hähnchenbrüste zuerst im Mehl wenden, dann durch die Eier ziehen und danach in der Bröselmischung panieren. Im heißen Pflanzenöl bei mittlerer Temperatur von allen Seiten ca. 15 Minuten knusprig und braun braten.

❹ Die Cocktailsauce als Spiegel auf Tellern anrichten und das Relish darauf verteilen. Die Maishähnchenbrüste schräg halbieren und daraufsetzen. Mit den Lauchstreifen garnieren und mit dem Sesam bestreuen.

ZUTATEN

Relish

5 Tomaten
1 rote Zwiebel
½ Salatgurke
1 kleine rote Chilischote
2 EL Weißweinessig
1 EL Zucker
Salz
4 EL Salatmayonnaise
2 EL Ketchup
1 TL Cognac
Pfeffer aus der Mühle

Hähnchenbrust

10 cm Lauchstange
4 Maishähnchen-Supreme (Brust mit Haut und Flügelknochen)
2 Eier
4 EL Sahne
½ TL gemahlener Koriander
40 g Cornflakes
60 g Semmelbrösel
Mehl zum Wenden
Pflanzenöl zum Braten
2 EL Sesam

Maishähnchen sind Hähnchen, die überwiegend mit Mais gefüttert werden. Fleisch und Haut der Maishähnchen besitzen eine leicht gelbliche Farbe und einen besonders guten Geschmack.

HAKIM-MICHAEL MEZIANI als der Windstrom-Techniker *Ben Berger*

Hakim-Michael Meziani schlüpfte in der Folge 1036 in die Rolle des Ben Berger. In seiner ersten Szene überraschte er seine heutige Exfrau Britta mit ihrem damaligen Freund Oliver im Fahrstuhl. Hakim bezeichnet sich als guten Esser und bekocht selbstverständlich seine Familie zu Hause. Unter der Woche, wenn es schnell gehen muss, kann er nicht auf seinen milchsauren Gemüsesaft verzichten und am Wochenende auf sein weich gekochtes Ei. Zu Hause muss er immer Parmesan, Knoblauch, Olivenöl und Nudeln vorrätig haben. Fragt man Hakim nach seiner lustigsten Szene, fällt ihm spontan nur „Jelena" ein. Mit seiner Schauspielkollegin Jelena Mitschke hat er am Set jede Menge Spaß. Schmunzelnd erinnert er sich an die Szene, als ihre Tochter Lilly zu Hause im Rosenhaus geboren wurde. Als Ben war er so aufgeregt, dass er in Ohnmacht fiel. Besonders schwierig fand er den Dreh des Triathlons: „Zuerst musste ich schwimmen, für den Dreh waren es nur 200 Meter, doch ich war danach schon völlig kaputt. Anschließend ging es weiter mit Fahrradfahren und dann Laufen. Bis dahin dachte ich eigentlich, ich wäre sportlich." Für seine Rolle würde sich Hakim wünschen, dass Ben noch im hohen Alter mit seinem Rollator durch Lüneburg cruist.

Sei der Folge 674 verkörpert **Jelena Mitschke** die Oberärztin Dr. Britta Berger. Jelena liebt ihren Arbeitsplatz: „Die Stimmung am Set ist fantastisch, und ich habe den Luxus, mein Kind mitnehmen zu dürfen." Während Jelena vor der Kamera steht, passen entweder ein Kindermädchen oder eine der zwei Großmütter auf Emilia auf. Ihren Lebenspartner hat Jelena am Set der „Roten Rosen" kennen und lieben gelernt. Die Familie ist aus der Lüneburger Innenstadt auf das Land gezogen. Am Wochenende geht Jelena immer auf den Wochenmarkt: „Ich liebe das Flair auf dem Wochenmarkt und nehme mir Zeit für den Einkauf." Jelena achtet darauf, dass Obst und Gemüse aus der Region stammen. Zu Hause kochen sowohl ihr Mann als auch sie selbst, es gibt aber auch noch andere Gerichte als nur die „Schinkenudeln von Ben". Eine der schwierigsten Szenen für sie war, als sie sich vorstellen musste, dass Ben bei der Arbeit tödlich verunglückt ist. Dagegen muss sie bei dem Gedanken an Bens Ohnmacht bei der Geburt ihrer Spieltochter Lilly lachen. Die schönsten Szenen waren für sie bisher die Doppelhochzeit von Ben mit ihr und die ihrer Freunde Carla und Torben: „Die Woche war mit ihren 46 meist komischen Szenen sehr intensiv. So viele Szenen in einer Woche kommen bei mir eher selten vor." Jelena wünscht sich für ihre Rolle, dass Britta ihr Familienleben mit Ben in den Griff bekommt.

JELENA MITSCHKE
als Oberärztin
Dr. Britta Berger

Für den SÜSSEN HUNGER: *Desserts und Kuchen*

MASCARPONE-CREME MIT GEDÜNSTETEM RHABARBER

Für 4 Personen

Zubereitungszeit: 25 Minuten
Garzeit: ca. 7 Minuten
Schwierigkeitsgrad: leicht

❶ Den Rhabarber waschen, putzen und in ca. 1 cm große Stücke schneiden. In einer heißen Pfanne in der Butter 1–2 Minuten anschwitzen. Mit dem Zucker bestreuen, vermengen und mit dem Wein ablöschen. Zugedeckt ca. 5 Minuten dünsten, so dass der Rhabarber noch nicht zerfällt. Von der Hitze nehmen und offen abkühlen lassen.
❷ Die Biskuits in Stücke brechen und in 4 Gläser füllen. Den Apfelsaft mit 3–4 EL von der Rhabarberflüssigkeit und dem Zitronensaft verrühren und über die Biskuits träufeln.
❸ Den Mascarpone mit dem Vanillezucker verrühren. Die Sahne steif schlagen und unterheben. Die Creme auf die Biskuits füllen und mit dem Rhabarber (ohne Flüssigkeit) bedeckt servieren.

ZUTATEN
400 g Rhabarber
1 EL Butter
2 EL brauner Zucker
100 ml trockener Weißwein
8 Löffelbiskuits
80 ml Apfelsaft
2 EL Zitronensaft
200 g Mascarpone
2 EL Vanillezucker
80 ml Sahne

Die feine Säure des Rhabarbers harmoniert optimal mit der cremigen Süße des Mascarpone, findet **Carla Saravakos**.

FROZEN YOGHURT MIT GRANATAPFEL-KERNEN

Für 4 Personen

Zubereitungszeit: 15 Minuten
Wartezeit: ca. 12 Stunden
Gefrierzeit: ca. 30 Minuten in der Eismaschine
Schwierigkeitsgrad: leicht

❶ Den Joghurt in einem mit einem Tuch ausgelegten Sieb über Nacht im Kühlschrank abtropfen lassen. Anschließend in eine Schüssel geben und mit dem Vanillearoma und dem Zucker cremig schlagen. Die Eiweiße mit dem Salz steif schlagen und unter die Joghurtcreme ziehen. In einer Eismaschine cremig gefrieren lassen.
❷ Den Granatapfel halbieren, andrücken und die Kerne (am besten über dem Waschbecken) ausbrechen. Den Frozen Joghurt in Schälchen anrichten und mit den Granatapfelkernen bestreuen. Sofort servieren.

ZUTATEN
500 ml Magermilchjoghurt
einige Tropfen Vanillearoma
75 g Zucker
2 Eiweiß
1 Prise Salz
1 Granatapfel

In **Sydney Flickenschilds** Wahlheimat, den USA, liegt Frozen Yoghurt als kalorienarme Alternative zu Eiscreme voll im Trend.

ELIANES HAUSGEMACHTES ERDBEER-QUARK-TIRAMISU MIT PISTAZIEN

Für 4–6 Personen

Zubereitungszeit: 30 Minuten
Kühlzeit: mindestens 4 Stunden
Schwierigkeitsgrad: leicht

❶ Die Erdbeeren waschen, putzen und in kleine Stücke schneiden. Den Quark mit dem Joghurt, dem Zucker und dem Vanillezucker mit dem Handrührgerät cremig schlagen. Den Likör unterrühren. Die Sahne steif schlagen und unterziehen.
❷ Eine eckige Auflaufform mit Löffelbiskuits auslegen und mit der Hälfte des Orangensafts beträufeln. Die Hälfte der Erdbeeren darauf verteilen. Mit der Hälfte der Quarkcreme bestreichen und mit den restlichen Löffelbiskuits bedecken. Mit dem übrigen Orangensaft tränken, die restlichen Erdbeeren daraufgeben und mit der restlichen Quarkcreme bestreichen. Abgedeckt im Kühlschrank mindestens 4 Stunden, besser über Nacht, durchziehen lassen.
❸ Vor dem Servieren mit den Pistazienkernen bestreuen.

ZUTATEN

1 kg Erdbeeren
250 g Magerquark
150 g griechischer Joghurt
75 g Zucker
2 EL Vanillezucker
2 EL Mandellikör
150 ml Sahne
ca. 200 g Löffelbiskuits
250 ml Orangensaft
30 g gehackte Pistazienkerne

Wenn Gäste kommen, bereitet **Eliane da Silva** gerne ihr hausgemachtes Erdbeer-Quark-Tiramisu zu – ein fruchtiger Genuss!

SYDNEYS BEEREN-MUFFINS

Für 12 Stück

Zubereitungszeit: 35 Minuten
Backzeit: ca. 25 Minuten
Schwierigkeitsgrad: leicht

❶ Die Johannisbeeren waschen, abtropfen lassen und von den Rispen zupfen. Den Backofen auf ca. 200 °C Ober-/Unterhitze vorheizen. Die Mulden eines Muffinblechs mit Tulpenförmchen aus Backpapier auslegen.
❷ Die Butter in einem Topf zerlassen und anschließend etwas abkühlen lassen. Den Zucker und den Vanillezucker mit den Eiern schaumig schlagen, nach und nach die Butter zugießen und unterrühren. Das Mehl mit dem Backpulver, 1 TL Zitronenabrieb und dem Salz mischen und zusammen mit dem Joghurt unter die Zucker-Ei-Masse mengen.
❸ Zwei Drittel der Beeren behutsam unter den Teig ziehen und diesen in die Förmchen geben, die restlichen Johannisbeeren daraufgeben und leicht in den Teig drücken. Im Ofen auf mittlerer Schiene ca. 25 Minuten backen (Stäbchenprobe). Herausnehmen und abkühlen lassen.

ZUTATEN
200 g rote Johannisbeeren
125 g Butter
80 g Zucker
1 EL Vanillezucker
3 Eier
230 g Mehl
2 TL Backpulver
Abrieb von 1 unbehandelten Zitrone
1 Prise Salz
100 g Joghurt

Muffins sind herrlich unkompliziert und schnell gemacht – die kleinen Küchlein bietet **Sydney Flickenschild** gerne ihren Freunden an.

CARLAS UND HENRIS ORANGENBLÜTEN-PARFAIT

Für 4 Personen bzw. für 1 Form mit ca. 20 × 20 cm

Zubereitungszeit: 20 Minuten
Gefrierzeit: ca. 4 Stunden
Schwierigkeitsgrad: leicht

❶ Die Eigelbe und den Honig mit den Quirlen eines Handrührgerätes ca. 5 Minuten hellschaumig aufschlagen. Das Orangenblütenwasser einrühren. Die Sahne steif schlagen und vorsichtig unterheben. In die Form füllen und zugedeckt im Tiefkühler ca. 4 Stunden einfrieren.

❷ Die Beeren waschen und trocken tupfen. Die Minze waschen, trocken schütteln und die Blätter hacken. Das Parfait aus dem Tiefkühler nehmen, rechteckige Stücke ausschneiden und auf Tellern anrichten. Die Beeren und die gehackte Minze darauf verteilen und mit kandierten Blüten garnieren.

ZUTATEN

6 Eigelb
125 g Orangenblütenhonig
6 EL Orangenblütenwasser
200 ml kalte Sahne
100 g Brombeeren
100 g Blaubeeren
2 Zweige frische Minze
kandierte Blüten zum Garnieren

Mit dem Orangenblütenparfait entscheiden **Carla Saravakos** und **Henri Carstens** den Dessert-Wettbewerb für sich.

KOKOSPFANNKUCHEN MIT BEEREN À LA CARLA

Für 4 Personen

Zubereitungszeit: 25 Minuten
Garzeit: ca. 15 Minuten
Wartezeit: ca. 30 Minuten
Schwierigkeitsgrad: leicht

❶ Für den Teig alle Zutaten glatt verrühren und etwa 30 Minuten ausquellen lassen. Butterflöckchen in einer beschichteten Pfanne erhitzen und nacheinander aus dem Teig bei mittlerer Temperatur dünne Pfannkuchen backen und auf Küchenpapier abtropfen lassen.
❷ Für die Füllung den Quark mit der Sahne und dem Vanillemark glatt verrühren. Die Beeren waschen, bei Bedarf verlesen und mit Küchenpapier trocken tupfen. Die Zitronenmelisse waschen, trocken schütteln und die Blätter in feine Streifen schneiden.
❸ Die Pfannkuchen auf Tellern anrichten, den Quark und die Beeren auf die Hälfte eines jeden Pfannkuchens verteilen und die andere Hälfte darüber einklappen. Mit Zitronenmelisse, Limettenabrieb und gehackten Mandeln bestreuen.

ZUTATEN

Teig
150 g Mehl
2 EL Zucker
300 ml Kokosmilch
2 Eier
1 Prise Salz
Butter zum Braten

Füllung
500 g Quark (40 Prozent)
4 EL Sahne
Mark von ½ Vanilleschote
125 g Himbeeren
125 g Brombeeren
125 g Blaubeeren
6–8 Blätter Zitronenmelisse
Abrieb von 2 unbehandelten Limetten
gehackte Mandelkerne zum Bestreuen

Kokospfannkuchen mit Beeren stehen regelmäßig auf der Speisekarte des „Carlas“.

KIMS PFIRSICH-ERDBEER-SMOOTHIE

Für 2 Personen

Zubereitungszeit: 10 Minuten
Schwierigkeitsgrad: leicht

❶ Das Kokoswasser nach Belieben am Vorabend als Eiswürfel einfrieren (dann sind die Smoothies gut gekühlt). Die Pfirsiche waschen, halbieren, entkernen und klein schneiden. Die Erdbeeren waschen und putzen.
❷ Die Pfirsiche zusammen mit den Erdbeeren, den Haferflocken und dem Kokoswasser (oder den Kokos-Eiswürfeln) im Mixer pürieren. In Gläser verteilen und mit frischer Minze garnieren.

ZUTATEN
250 ml Kokoswasser
3 Pfirsiche
150 g Erdbeeren
2 TL Haferflocken
frische Minze zum Garnieren

Kim Parker, Bartenderin und Sydneys Stieftochter, liebt es, gesunde Smoothies zuzubereiten.

BUTTERKUCHEN MIT ERDBEEREN UND KOKOSSTREUSELN

Für 1 Kastenform mit ca. 10 × 24 cm bzw. für 10–12 Stücke

Zubereitungszeit: 40 Minuten
Backzeit: ca. 1 Stunde
Schwierigkeitsgrad: leicht

❶ Die Kuchenform ausbuttern und mit Mehl bestreuen. Die Erdbeeren waschen, putzen und klein schneiden.
❷ Den Backofen auf 180 °C Ober-/Unterhitze vorheizen. Die Butter mit dem Zucker und dem Vanillezucker mit dem Handrührgerät cremig rühren. Die Eier einzeln gründlich unterrühren. Das Mehl mit dem Backpulver mischen und abwechselnd mit der Milch unter den Teig rühren. Eventuell noch etwas Milch zugeben. Den Teig in die Form geben, glatt streichen und die Erdbeeren darauf verteilen.
❸ Für die Streusel die Butter schmelzen. Das Mehl mit den Haferflocken, dem braunen Zucker, den Kokosraspeln und dem Zimt vermischen. Die Butter dazuträufeln und das Ganze zu Streuseln vermengen. Auf die Erdbeeren geben und den Kuchen im Ofen ca. 1 Stunde backen (Stäbchenprobe). Etwa 10 Minuten in der Form abkühlen lassen, herauslösen und auf einem Kuchengitter erkalten lassen. Dazu z.B. Schlagsahne und Erdbeeren reichen.

ZUTATEN

Butter und Mehl für die Form
600 g Erdbeeren
150 g weiche Butter
175 g Zucker
2 EL Vanillezucker
3 Eier
300 g Mehl
2 TL Backpulver
ca. 150 ml Milch

Streusel
150 g Butter
100 g Mehl
50 g kernige Haferflocken
75 g brauner Zucker
4 EL Kokosraspel
½ TL Zimt

Der Butterkuchen ist auch als „Freud-und-Leid-Kuchen“ bekannt, da er sowohl für traurige als auch für freudige Anlässe passend ist.

MOHN-BIRNEN-KUCHEN MIT PREISELBEER-MARMELADE

Für 1 Backblech mit ca. 30 × 40 cm bzw. für ca. 35 Stücke

Zubereitungszeit: 40 Minuten
Backzeit: ca. 55 Minuten
Schwierigkeitsgrad: leicht

❶ Den Backofen auf 180 °C Ober-/Unterhitze vorheizen.
❷ Die Butter mit dem Zucker und dem Vanillezucker cremig schlagen und die Eier mit einer Prise Salz und dem Mohnback nach und nach unterheben. Das Mehl mit dem Backpulver mischen und mit der Milch abwechselnd unter die Buttermasse heben. Den Teig gleichmäßig auf ein mit Backpapier belegtes Backblech streichen.
❸ Die Birnen schälen, längs halbieren, vom Kerngehäuse befreien und mit dem Zitronensaft bestreichen. Mit der Wölbung nach unten auf dem Teig verteilen, leicht eindrücken und je 1 TL Marmelade in die Birnen füllen. Im vorgeheizten Ofen 45–55 Minuten backen (Stäbchenprobe). Den Kuchen rechtzeitig mit gebuttertem Backpapier bedecken, damit er nicht zu braun wird.
❹ Den fertig gebackenen Kuchen aus dem Ofen nehmen, mit dem leicht erwärmten Apfelgelee bestreichen, trocknen lassen und in Stücke geschnitten servieren.

ZUTATEN
250 g Butter
200 g Zucker
1 Päckchen Vanillezucker
4 Eier
Salz
180 g Mohnback
500 g Mehl
1 Päckchen Backpulver
180 ml Milch
800 g Birnen
Saft von 1 Zitrone
180 g Preiselbeermarmelade
8 EL Apfelgelee

Der Mohn-Birnen-Kuchen kommt beim Kaffeeklatsch immer prima an.

ERIKAS APFEL-KUCHEN

Für 1 Springform mit 24 cm Durchmesser

Zubereitungszeit: 35 Minuten
Backzeit: ca. 50 Minuten
Schwierigkeitsgrad: leicht

❶ Die Äpfel schälen, vierteln, das Kerngehäuse herausschneiden und die Viertel in Spalten schneiden. Mit dem Zitronensaft vermengen.
❷ Den Backofen auf 180 °C Ober-/Unterhitze vorheizen. Die Backform ausbuttern und mit Semmelbröseln ausstreuen.
❸ Für den Teig 200 g Butter mit dem Zucker und dem Zitronenabrieb schaumig rühren. Nach und nach die Eier unterrühren. Das Mehl mit 100 g Haselnüssen, den Walnüssen, dem Zimt und dem Backpulver vermischen und abwechselnd mit der Milch zügig unter die Masse rühren, so dass ein geschmeidiger, streichfähiger Teig entsteht. Diesen in die Form füllen und glatt streichen.
❹ Die Apfelspalten darauf verteilen. Die übrige Butter schmelzen, mit den restlichen Haselnüssen und dem braunen Zucker vermengen und über den Äpfeln verteilen. Im Ofen ca. 50 Minuten goldbraun backen (Stäbchenprobe). Aus dem Ofen nehmen und auskühlen lassen. Anschließend aus der Form lösen und in Stücke geschnitten servieren.

ZUTATEN

3–4 säuerliche Äpfel
Saft und Abrieb von
1 unbehandelten Zitrone
weiche Butter und Semmelbrösel für die Springform
250 g weiche Butter
175 g Zucker
3 Eier
200 g Mehl
150 g gemahlene Haselnüsse
100 g gemahlene Walnüsse
1 TL Zimt
1 TL Backpulver
ca. 120 ml Milch
2 EL brauner Zucker

Die leidenschaftliche Floristin **Erika Rose** liebt die Klassiker, wie z.B. diesen Apfelkuchen, den Erika und ihre Schwester Inge immer gerne backen.

QUITTEN-MARMELADE

Für 5 Gläser à 250 g

Zubereitungszeit: 15 Minuten
Garzeit: ca. 20 Minuten
Schwierigkeitsgrad: leicht

❶ Die Quitten schälen, vierteln, entkernen und in kleine Würfel schneiden. Mit dem Sirup, dem Zucker, dem Orangensaft, dem Vanillemark, dem Zitronensaft und dem -abrieb in einen Topf geben und unter Rühren aufkochen lassen.
❷ 20 Minuten weich köcheln lassen und in vorbereitete sterilisierte Gläser füllen. Gut verschließen und auskühlen lassen.

ZUTATEN
1,5 kg Quitten
300 ml Holunderblütensirup
250 g Gelierzucker 2:1
175 ml Orangensaft
1 Msp. Vanillemark
Saft und Abrieb von
1 unbehandelten Zitrone

Carla Saravakos' Tipp: Verfeinert man die selbst gemachte Quittenmarmelade mit Orangenschale oder Ingwer, passt sie auch hervorragend zu Käse.

Frederic Böhles Rolle des Theo Lichtenhagen spielte schon mit dem Einstieg von Torben Lichtenhagen eine Rolle. Denn Theo gehörte als Sohn von Torben zu Torbens Background-Geschichte. Als Figur trat Frederic zum ersten Mal mit der Folge 1867 auf. Der Start mit seinem leiblichen Vater war schwierig, denn Theo fühlte sich vernachlässigt und hatte zu seinem Ziehvater Dirk Drechsler ein weitaus innigeres Verhältnis als zu Torben. Doch nun haben auch Theo und sein leiblicher Vater Torben eine nicht immer unkomplizierte, aber dennoch liebevolle Vater-Sohn-Beziehung. Für Frederic darf beim Frühstück das Rührei nicht fehlen. Als er noch klein war und zu Hause in München lebte, liebte er es, am Wochenende mit seinem Vater frühstücken zu gehen. Zu Hause lässt er sich gerne von seiner Freundin Julia bekochen: „Julia kocht so gut, da will ich mich gar nicht einmischen und genieße viel lieber." Mit seiner Rolle verbindet ihn die grundsätzliche Lebensfreude und der Versuch, andere Menschen zum Lachen zu bringen. Frederic bezeichnet sich dennoch nicht als ganz so chaotisch wie Theo. An seinen ersten Drehtag erinnert er sich so: „Einstieg war für mich der Außendreh auf dem Rathausmarkt, Lüneburg zeigte sich gleich von seiner schönsten Seite und ich verliebte mich sofort in die Stadt." Im Studio klaute Theo beim ersten Dreh einen Blumenstrauß aus dem „Drei Könige", um seine Stiefmutter Carla zu umschmeicheln. Bei dem Gedanken an die Szenen muss Frederic lachen: „Theo wollte damals auf seine ganz eigene Weise etwas Gutes tun und hat nicht weiter darüber nachgedacht." Die schwierigste Szene war für ihn der Abschied von seinem Ziehvater Dirk Drechsler: „Der wahre Abschiedsschmerz ließ sich nicht verbergen." Die schönste Szene war für ihn mit Brigitte Antonius. Damals war Theo noch als ihr Pfleger eingeteilt und trug Johanna die Treppen hinauf: „Brigitte und ich sind jetzt ein eingespieltes Team."

FREDERIC BÖHLE
als liebenswerter Chaot
Theo Lichtenhagen

SAMANTHA VIANA
als brasilianische Wäschereibesitzerin
Eliane da Silva

Seit der 11. Staffel ist **Samantha Viana** in der Rolle der Eliane da Silva bei den „Roten Rosen" zu sehen. Ihren ersten Auftritt hatte sie in der Folge 1811. Samantha liebt an ihrer Rolle, dass Eliane sehr facettenreich ist. Die schwierigste Herausforderung für Samantha war bisher beim Dreh die Geschichte, als sich ihr damaliger Ehemann Sascha Müller von ihr scheiden lassen wollte. Für Eliane stand ihr Leben in Deutschland auf dem Spiel. „Wie geht man damit um, wenn einem alles unter den Füßen weggerissen wird?" Samantha findet Parallelen, aber auch Unterschiede zu Eliane: „Eliane ist sehr spontan, und schmeißt sich oft, ohne groß nachzudenken, überall sofort hinein, einfach nach dem Motto: Let's do it. Ich bin da etwas überlegter." Mit ihrer Rolle hat sie die Großherzigkeit gemeinsam, aber auch Familie und Freunde spielen bei Samantha eine wichtige Rolle.

Wie ihr Sohn ist Johanna Jansen bereits seit der ersten Folge am 6. November 2006 dabei. **Brigitte Antonius** sagt selbst, Johanna hat sich von einer garstigen Schwiegermutter zu einer weltgewandten Dame gewandelt. Die Wienerin, die im Burgenland aufwuchs, ist für ihre Rolle von Österreich nach Lüneburg gezogen. Nun hat Johanna durch ihren Lebensgefährten Ferdinand Hofleitner einen Wohnsitz im Burgenland. Wie Johanna Jansen kann auch Brigitte Antonius nicht ohne ihren Tee leben. Denn Brigitte und Johanna teilen nicht nur die Liebe zur Musik, ihr soziales und politisches Engagement oder ihren ausgeprägten Familiensinn, sondern ebenfalls ihre Vorliebe für Darjeeling-Tee. In einem unterscheiden sich die beiden aber sehr: In der Serie genießt es Johanna, sich bekochen zu lassen, selbst für die von ihr einberufenen „Rosenhaus-Essen" findet sie immer jemanden, der das Kochen übernimmt. Im wahren Leben kocht Brigitte für ihren Hund Pincky jeden Tag frisch: gekochtes Huhn mit Reis und Karotten. Für sich selbst bereitet sie oft Gemüsesuppe, Palatschinken mit Quark oder Matjes nach Hausfrauenart zu. Brigitte ist überaus glücklich und unendlich dankbar über den Zuspruch ihrer Fans. Sie wünscht sich für die Zukunft, ihre Fans noch viele Jahre als Johanna Jansen überraschen zu können.

BRIGITTE ANTONIUS
als „Grande Dame"
Johanna Jansen

REGISTER